JN101533

イラスト図解 お寺の仏像

見わけかたがわかる本

新装改訂版

「お寺の仏像」編集室 著

Mates Publishing

はじめに

仏像とお話ししてみましょう

日本には神様と仏様がいらっしゃる。神様は八百万もの数がおられ、山にも川にも滝にもといったように、この自然界あらゆるものに神が宿っているんですね。神様に守られているわけです。

では仏様はというと、これまたたくさんの仏様がいらっしゃいます。仏様は４つのグループに分かれています。〝目覚めた人〟を意味する「如来」、その下には悟りを目指し、人々を救おうと修行なさってる「菩薩」がおり、また怠け者をこわーい顔で導く「明王」たち。さらにその下には〝悟り〟を目指して励む人々を守ってくださる「天人（諸天）」がおられます。全員みんな「仏様」なんです。

仏様の前で、私たちに何を説いてくださるのか話しかけてみてはどうでしょうか。なぜ「ホトケ」なんですか?のこたえが「そんなのホットケ」とか。悩みでがんじがらめになった心をほどいてくれるから「ホドケル」、「ホトケ」となるんです。「ほーら、ほっとしたであろう。気持ちがすっきりして『素』になっただろう。それこそが『解脱《げだつ》』であり、『悟り』なんだよ」…と教えてくださいます。何でも質問してみてください。手の印の形は「手話」であり、手に持っている「持物《じぶつ》」で仏様の教えがわかり、楽しい会話が弾みます。ブツ、ブツ、仏《ぶつ》…。

さとう有作

仏像は、私たちの理想の姿を表現しています

寺や美術館で仏像を眺めていると、気持ちが落ち着きます。仏像には癒しの効果があるのか、心が清められるような安らかな気分になります。

私は二十代後半、海外を放浪していたとき、アジアの国々でさまざまな仏像に出会いました。そして「仏像は地元の人によく似ている」ということに気がつきました。

仏像発祥の地パキスタンのガンダーラ仏は、町を歩く男たちの精悍な顔にそっくり。タイの仏さまはタイの人々のようにしなやかな体つきで、中国の石仏は中国のおじさんのように威厳があり、チベットの仏像はチベット人のように神秘的でした。それぞれの地域の人々は「自分たちの理想の人」として仏像をつくったのでしょう。きっと、日本の仏像は、私たちの祖先が「そうなりたい」と願った姿をしています。

この本は、図解を中心にして仏像の基礎知識が得られるよう、解説を書いています。日本の仏像は多種多様で、どのような功徳がある仏様なのか、知識がないとわかりません。そのようなときに、お寺めぐりに持ち歩いて、仏像の前で開いていていただければ幸いです。

重信　秀年

もくじ

イラスト図解 お寺の仏像 新装改訂版 見わけかたがわかる本

本書は2018年発行の「お寺の仏像イラスト図鑑 見わけかたがわかる本」を元に、内容を確認のうえ加筆・修正し、書名・装丁を変更してあらたに発行しています。

本書の使い方

●見方のPoint
このページの仏像の顕著な特徴や注目ポイントなどを紹介。仏像鑑賞を深く、楽しめるようになっています。

●分類
仏像の分け方

4
だいにちにょらい
大日如来像
密教の教義で、宇宙の真理である偉大な仏
真言密教の教主です。宇宙の真理そのものであり、宇宙と一体の存在とされてきた仏です。その放つ光が遍く照らすことから、遍照如来とも呼ばれます。すべての仏と菩薩が持つ徳を備えており、神仏混淆の時代には、天照大神と習合していました。
密教には金剛界と胎蔵界の両部があり、金剛界の大日如来は智拳印を結び、胎蔵界の大日如来は法界定印を結んでいます。智拳印は仏の智恵を表し、法界定印は瞑想している状態を表しています。仏像の場合には、智拳印を結んだ姿のほうが多いです。
見方のPoint
見所は、他の仏様とは比べ物にならない絢爛豪華な宝冠や装飾で着飾っているところ。大日如来が「仏の中の仏」であることを示しています。
この仏像を安置する代表的な寺
京都・東寺
和歌山・金剛峯寺
一口知識
忍者の手つきのような…。
大日如来だけの印、智拳印
左手の人差指を立て、それを右手の拳で握った印を結んでいます。これは金剛界大日如来だけの特有の印で、他の仏や菩薩には見られません。大日如来の智恵を表しています。未年・申年の守護本尊です。
仏像見聞録
国宝
寺院名：忍辱山円成寺
所在地：奈良県奈良市忍辱山町1273
円成寺の大日如来坐像は、仏師界の天才スター「運慶」若き日の作。まるで人が座っているように見えるのは、目に水晶の板をはめ込む「玉眼」という技法のためです。
32
如来
菩薩
明王
天
垂迹・羅漢
真言密教で説かれる宇宙仏
美しい衣で優雅に
宝髻　長い髻をまげのように結い上げている
宝冠　五智の宝冠といわれ、如来の最高位を表している。豪華な装飾にうっとり
瓔珞　胸の飾りもきらきらと美しい
臂釧　腕輪
腕釧　仏様のブレスレット
台座　蓮弁に結跏趺坐
33

●この仏像を安置している代表的な寺
この仏像を安置している全国のお寺から代表的なお寺を記載しています。

●一口知識
知っているとこの仏像をもっと楽しめる知識を紹介しています。

●仏像見聞録
本書に掲載している仏像で国宝・重要文化財級の仏像が拝観できるお寺、その名称と所在地を記載しています。

●仏像のイラスト
この仏像の代表的な姿をイラストで表現。見どころや特徴を示してあります。

知っているともっと楽しめる

仏像の基礎知識

お寺の仏像を理解するために知っておきたい仏教の成立ち、歴史や教え、特徴を解説します。仏像の姿や部位の名称など基礎知識を学びましょう。私たちは長い年月、仏さまを敬い親しんできました。仏像を拝観する際は、美術品としての美しさだけにとらわれず、仏様としての知識を持って鑑賞すると一つ一つに意味があり仏像鑑賞がもっと楽しくなります。

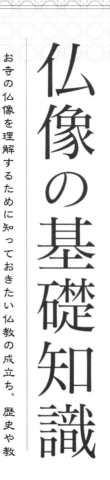

仏教のはじまりと仏像の誕生

古代北インド釈迦族の王子が開祖

ブッダ〈目覚めた人〉が教えを解いた

仏教は、紀元前5世紀頃、インドで、ゴータマ（ガウタマ）・シッダールタが開いた宗教です。当時、インドでは、ヒンドゥー教の前身のバラモン教が信仰されていました。釈迦《しゃか》族の王の子として、ルンビニー（現ネパール）で生まれたシッダールタは、老い、病、死で苦しむ人々の存在を知り、29歳のとき、城を去って修行者になりました。そして、6年間の苦行の後、川のほとりの木の下で悟りを開き、「目覚めた人」、すなわちブッダ（仏陀）になりました。ブッダが悟りを得た地はブッダガヤー、木は菩提樹《ぼだいじゅ》と呼ばれています。

ブッダはサールナート（鹿野苑《ろくやおん》）で、5人の比丘《びく》に最初の教えを説きました。これを初転法輪《しょてんぼうりん》といいます。弟子は増え、僧院の祇園精舎《ぎおんしょうじゃ》を寄進する富豪も現われました。ブッダは80歳で、クシナガラの沙《さ》羅《ら》双樹《そうぎゅ》の間に臥《ふ》して※入滅《にゅうめつ》しました。

ガンダーラ地方で造られたのが起源

ブッダの入滅後、約五百年、仏像はなかった

入滅したブッダの遺体は荼毘《だび》に付され、遺骨は各地のストゥーパ（仏塔）にまつられました。仏教の初期の信者はブッダを彫像で表すことはせず、ブッダを象徴するものとして、仏塔や法輪《ほうりん》を崇めていました。しかし1〜2世紀頃からインド北西部のガンダーラ（現パキスタン）で、ブッダの像が造られたのが仏像の起源とされています。西方のヘレニズム文化の影響を受けた像でした。同じ頃、インド北部のマトゥラーでも独自の様式の仏像を造るようになり、これが最初の仏像という説もあります。

ガンダーラの仏像は、中央アジアから中国に伝わり、さらに朝鮮半島を経由して、日本に伝わりました。『日本書記』には、欽明《きんめい》天皇13年（552年）、百済《くだら》の聖明王《せいめいおう》によって「釈迦仏金銅像」がもたらされたことが記されています。

※仏教用語で、宗教的に目覚めた人が死ぬことを意味します。

如来・菩薩・明王・天、諸尊像も含めて仏像

厳密には、如来像が仏像（ブッダの像）です。菩薩は菩薩像、明王は明王像、天は天像や天部像と呼ぶべきですが、一般に礼拝の対象になっている諸尊の像を幅広く「仏像」と呼んでいます。

如来像 出家した人の姿で、腰から下に裳《も》をまとい、法衣《ほうえ》を着ています（大日如来像は例外）。法衣の着け方には、両肩を覆う通肩《つうけん》と、左肩だけ覆って右肩を露わにする偏袒右肩《へんだんうけん》があります。

菩薩像 菩薩は出家する前の王子の姿をしているため、髻《まげ》を結い、宝冠を被り、胸飾りを着けています（地蔵菩薩像は例外）。如来像に比べて姿は様々あり、表情も柔和です。

明王像 魔や悪を屈服させ、仏教に帰依《きえ》していない人々を教化《きょうけ》するため、忿怒《ふんぬ》の形相をしています。手には剣、金剛杵《こんごうしょ》、戟《げき》などの武器を持っています。

天（天部）像 古代インドの神々が仏教の守護神になったもので、多種多様な姿をしています。インド風の服装の像もあれば、中国風の服装の像もあります。

如来

見分けるポイント 質素な衣・出家の姿

菩薩

見分けるポイント 華やかな装身具・在家の姿

明王

見分けるポイント 怒りの表情

天

見分けるポイント 多種多様な造形表現

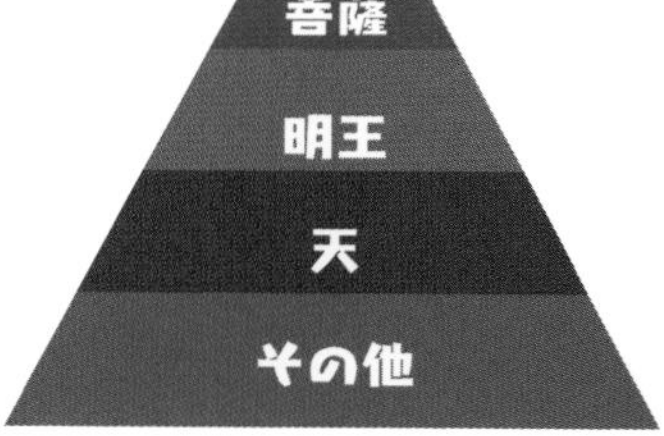

姿勢編

仏像の立ち姿、座り姿

釈迦の入滅《にゅうめつ》した姿を表した涅槃《ねはん》像のようなものもありますが、仏像の大半は、立像《りゅうぞう》と座像《ざぞう》です。

立像は丈六《じょうろく》以上は、大仏

立像は直立しているもののほか、歩いている姿の遊行仏《ゆぎょうぶつ》や、片方の足を蹴り上げた像などもあります。遊行仏は日本では珍しいですが、タイの遺跡や寺院で見ることができます。片足を高く蹴り上げた像には、蔵王権現《ざおうごんげん》があります。四天王像のように足で邪気《じゃき》を踏んでいる像もあります。

仏像の大きさは「丈六」といって釈迦の身長の1丈6尺が基準になります。1尺30・3センチとすると約4・85メートルです。丈六以上の大きさの仏像は、「大仏」と呼ばれます。しかし、

結跏趺坐《けっかふざ》

座禅のときに行う座り方で、安定しており、瞑想に適しています。

結跏趺坐《けっかふざ》①　降魔坐《こうまざ》

右足の裏を上に向けて左ふとももにのせ、次に左足を右ふとももにのせる座り方で、左足が上になります。如来像によく見られます。

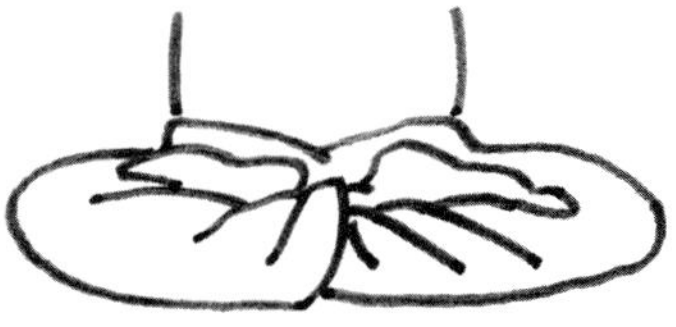

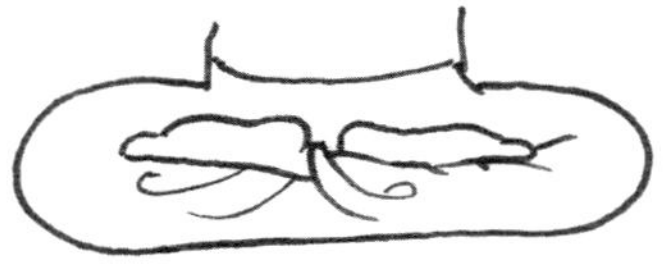

結跏趺坐《けっかふざ》②　吉祥坐《きちじょうざ》

降魔坐の左右を反対にした形で、右足が上になります。これも如来によくある座り方です。

半跏趺坐《はんかふざ》

左右どちらか一方の足を太ももにのせた座り方。菩薩像に見られます。

中国や日本では尺の長さは時代によって変化しており、一口に丈六像といっても高さは異なります。

仏像の基本的な座り方、結跏趺坐《けっかふざ》

座像は、立像の高さの半分の8尺が基準になります。座像では8尺を超える仏像は大仏です。

座像の姿勢は、禅定《ぜんじょう》といって瞑想《めいそう》するときの座り方の「結跏趺坐（全跏趺坐）」が最も一般的です。特に如来の座像の大半は、この座り方で、足の甲をそれぞれ反対の脚の大腿部にのせ、両足の裏を見せるように脚を組んで座っています。結跏趺坐のうち、左足を上にしたものを降《ごう》摩《ま》坐《ざ》、右足を上にしたものを吉祥《きちじょう》坐と呼ぶこともあります。

結跏趺坐の略式の座り方で、「半跏趺坐《はんかふざ》」といって、片足だけを大腿部にのせて座っている像もあります。結跏趺坐よりも安楽な座り方です。

倚坐《いざ》

台座や椅子に腰かけている姿勢。

倚坐《いざ》①　善跏倚坐《ぜんかふざ》

両足を下した腰かけ方。

倚坐《いざ》②　半跏倚坐《はんかいざ》

左足を下ろし、右足の裏を上に向けて左ひざにのせた腰かけ方。菩薩に見られます。

その他

輪王坐《りんのうざ》

右足のひざを立てた座り方。如意輪観音によく見られます。

跪坐《きざ》

ひざまずいた座り方。如来像の脇侍などに見られます。

手の形編

仏の意志を表す印相

仏像は手や指を組み合わせて、悟りの状態、意志、理念などを表現しています。その手と指の形を印や印相と呼び、印を作ることを「印を結《むす》ぶ」といいます。印は、古代インドのバラモン教にさかのぼる歴史を持ち、仏教に取り入れられました。

よく見かける「釈迦の五印」

代表的な印は「釈迦の五印」という次の五つです。

禅定印《ぜんじょういん》（定印《じょういん》）	瞑想し悟りを得た状態を表す印。
降魔印《ごうまいん》（触地印《そくじいん》）	悟りを妨害する魔を退ける印。
転法輪印《てんぽうりんいん》（説法印《せっぽういん》）	説法を行っているときの印。
施無畏印《せむいいん》	衆生《しゅじょう》を安心させ、救済する印。
与願印《よがんいん》	衆生の願いを実現する印。

それぞれの仏特有の印もあり、阿弥陀如来の定《じょう》印《いん》は「弥陀定印」といって、人差し指と親指で輪をつくります。

施無畏印《せむいいん》

手のひらを前に向け、肩の高さや胸の前に掲げます。

与願印《よがんいん》

手のひらを前に向け、指先を垂らします。

禅定印《ぜんじょういん》（定印《じょういん》）

へその前で両手のひらを仰向けにして重ねます。

転法輪印《てんぽうりんいん》（説法印《せっぽういん》）

親指と人差し指で輪を作った両手を組み合わせるなど、いくつかの種類があります。

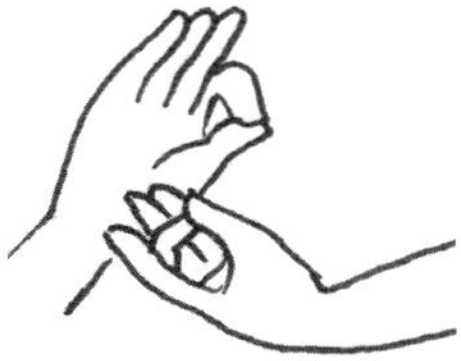

降魔印《ごうまいん》（触地印《そくじいん》）

手を垂れて地面を指します。

阿弥陀如来の印

弥陀定印《みだじょういん》

へその前で両手のひらを上に向けて重ね、人差し指と親指で輪をつくります。

その他の印

大瞋印《だいしんいん》

人差し指、中指、薬指の三本を伸ばした両手を胸の前で交差させます。軍荼利明王が結んでいます。

降三世印《ごうざんぜいん》

胸の前で両手の人差し指を立て、小指をからめます。降三世明王が結んでいる印です。

合掌

両手のひらを胸や顔の前で合わせて礼拝《らいはい》すること。密教では「十二合掌印」といって手の組み方を12種に分類します。

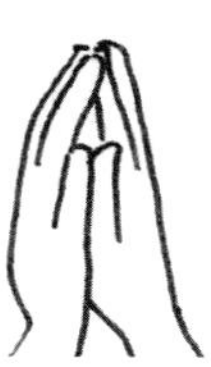

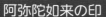

見方・楽しみ方 持ち物編

仏像が手に持っている持物《じぶつ》

仏の働きを具体的に表す

薬師如来の薬壺《やくこ》、観音菩薩の水瓶《すいびょう》、不動明王の剣と羂索《けんさく》など、仏像が手に持っているものを総称して「持物」といいます。密教では、三摩《さんま》耶形《やぎょう》（三昧耶形）とも呼びます。持物は、衆生《しゅじょう》の救済や仏法の護持など、それぞれの仏の誓願や働きを形にして表しています。

法輪《ほうりん》、鈴、金剛杵《こんごうしょ》、錫杖《しゃくじょう》などの法具、剣、戟《げき》、弓、箭《や》などの武器、宝珠《ほうじゅ》、宝塔《ほうとう》、蓮華《れんげ》、吉祥果《きちじょうか》…と、多種多様なものが、持物になっています。その仏に特有の持物もあるため、知っておくと、仏像を識別する際に役立ちます。

印を結んだり、合掌したりして手に何も持っていない仏像もある一方で、多臂《たひ》（手）像のように複数の持物があるものもあります。千手観《せんじゅ》音は三十もの持物を持っています。

蓮華《れんげ》

仏教を代表する花であり、仏像の最もよくある持ち物です。泥の汚れに染まらず咲くことから、清浄さを象徴しています。

手にしている仏

観音菩薩

如意宝珠《にょいほうじゅ》

願いをかなえてくれる不思議な珠です。仏の徳を象徴しています。

手にしている仏

虚空蔵菩薩
地蔵菩薩
吉祥天

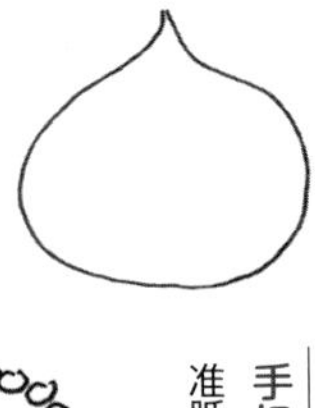

法輪《ほうりん》

仏の教えが、世の中に広く伝わることをたとえています。

手にしている仏

如意輪観音

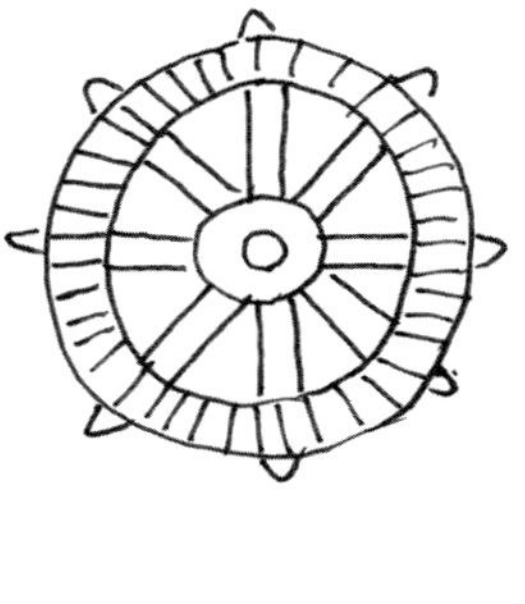

数珠《じゅず》

108個の球の数は、百八煩悩を除くためといいます。

手にしている仏

准胝観音

羂索《けんさく》

衆生を救い取るための綱です。

手にしている仏

不空羂索観音
不動明王

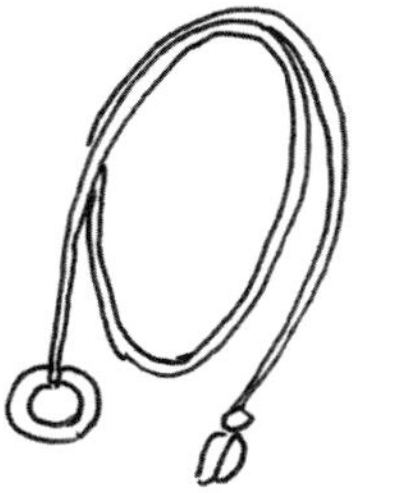

経巻《きょうかん》

経文を記した巻物です。。

手にしている仏

文殊菩薩

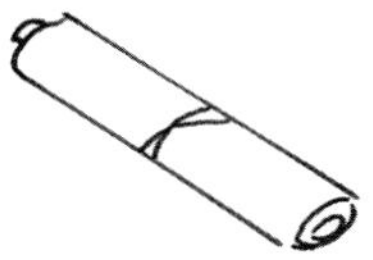

戟《げき》

古代中国の兵器から持物になりました。

手にしている仏

毘沙門天

矢《や》・弓《ゆみ》

無明を滅ぼす象徴だといわれます。

手にしている仏

愛染明王
降三世明王

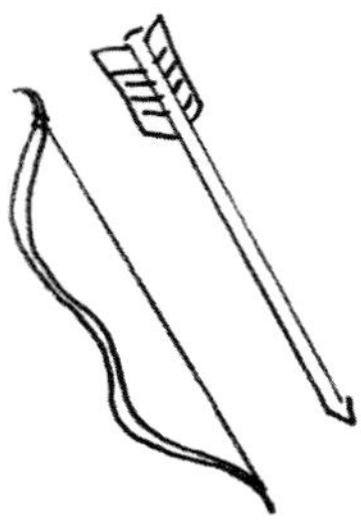

宝剣《ほうけん》

煩悩を断ち切る智恵の徳を象徴しています。

手にしている仏

不動明王

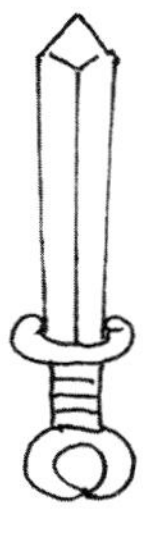

金剛杵《こんごうしょ》

煩悩を打破する菩提心の象徴です。独鈷杵、三鈷杵、五鈷杵があります。

手にしている仏

金剛夜叉明王
仁王

薬壷《やくこ》

万病を治す薬が入っている容器です。

手にしている仏

薬師如来

錫杖《しゃくじょう》

上部に鐶《かん》という金属の輪が数個付いた杖で、振ると鳴ります。

手にしている仏

地蔵菩薩

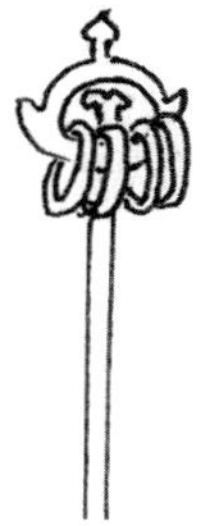

水瓶《すいびょう》

けがれを清める水が入っています。

手にしている仏

観音菩薩
勢至菩薩

宝塔《ほうとう》

仏舎利を納めた塔です。

手にしている仏

多聞天

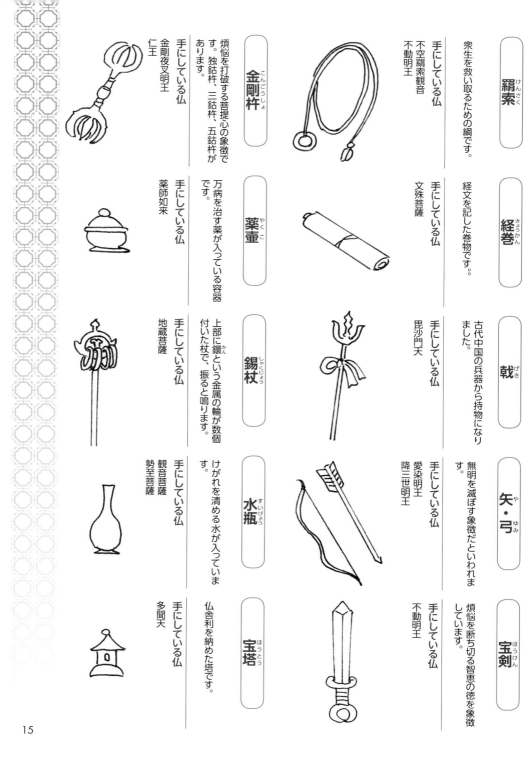

光背編

仏が発する後光《ごこう》を表現

光を背に立つありがたい仏像

仏の体は「後光」と呼ぶ光を放射しています。三十二相の一つで、身体から出た光が四方を一丈ほど照らすという「丈光相《じょうこうそう》」にあたるものが後光で、それをかたどったものが、仏像の背後に付けてある光背です。

仏像の頭部の光背を「頭光《ずこう》」、体の光を「身光《しんこう》」といい、頭光と身光を組み合わせたものを「二重円光背」、または挙身《こしん》光背といいます。頭を取り巻く頭光は、円形や宝珠形の光背として表現され、体全体を取り巻く光背は、蓮の花弁や舟のような形をしています。

阿弥陀如来像に見られる二重円光背に飛天《ひてん》を配した飛天光背、明王像によく用いられる炎をかたどった火焔《かえん》光背など、後光以外のものを表現した光背もあります。

頭光《ずこう》

放射光

放射状に広がる光を表現。阿弥陀如来や地蔵菩薩に使われています。

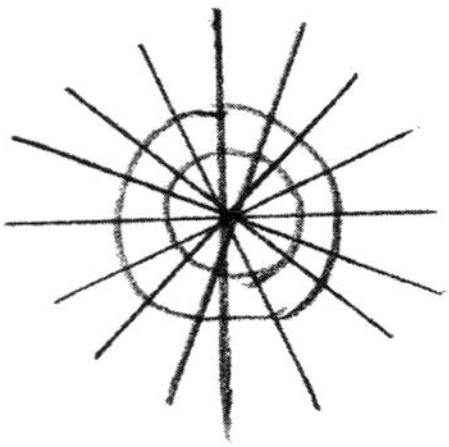

宝珠光

如意宝珠の形をした光背。観音菩薩などに見られます。

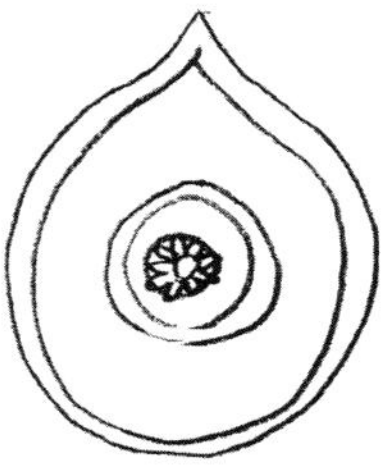

輪光

輪の形をした光を表すシンプルな光背です。

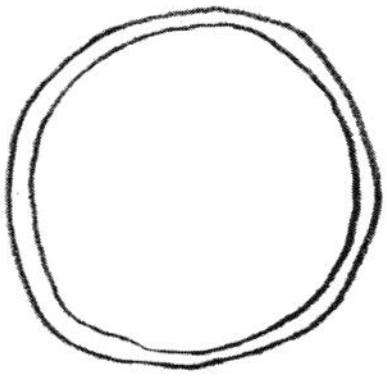

円光

円形の光背で蓮華や唐草の文様が施されています。

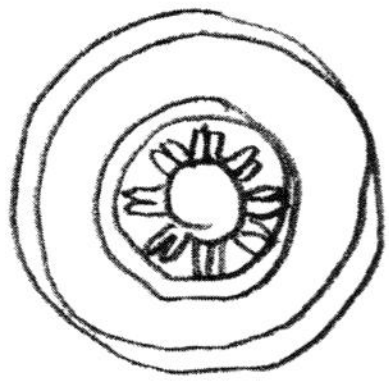

挙身光《こしんこう》

火焔光背《かえんこうはい》

燃え立つ炎の形をしています。不動明王などの背後に付けます。

舟形光背《ふながたこうはい》

上部がとがり、舟の形に似ているため、こう呼ばれます。

二重円光背《にじゅうえんこうはい》

頭光と身光の二つの円を組み合わせた光背です。

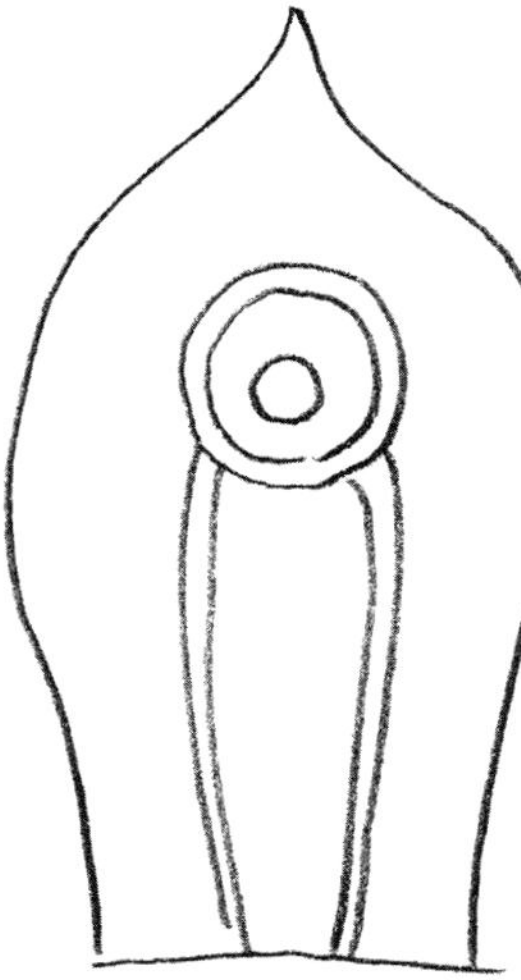

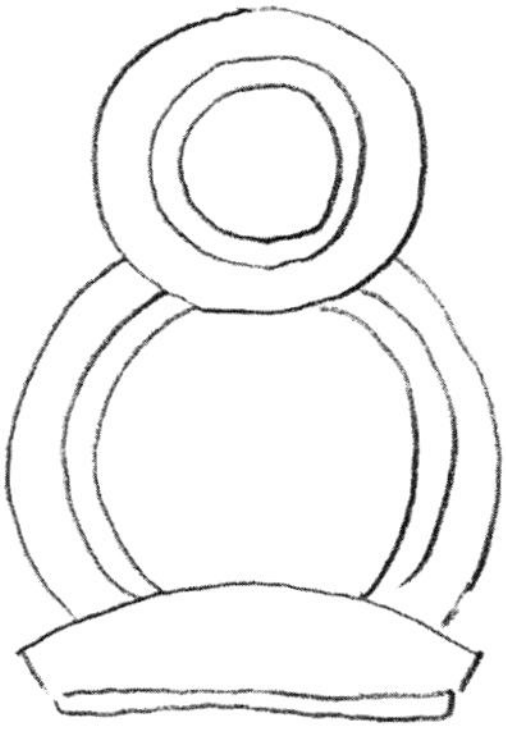

壬生光背《みぶこうはい》

京都・壬生寺の地蔵菩薩に見られる特殊な光背。

飛天光背《ひてんこうはい》

飛天を配した光背です。阿弥陀如来像に使われています。

千仏光背《せんぶつこうはい》

小さな仏をたくさん配置した光背です。

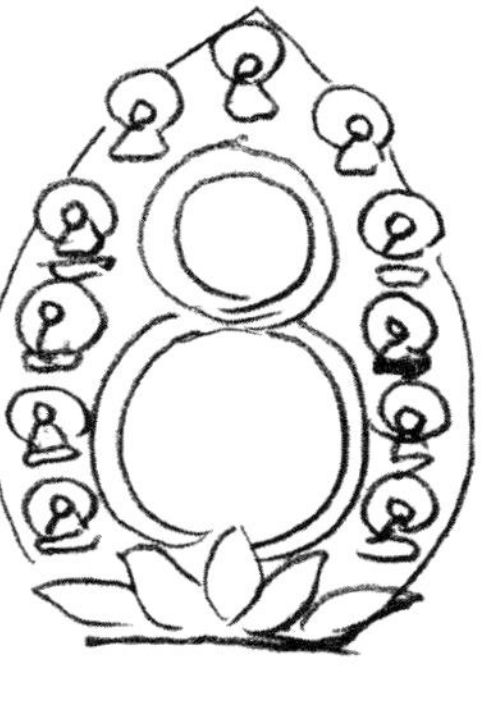

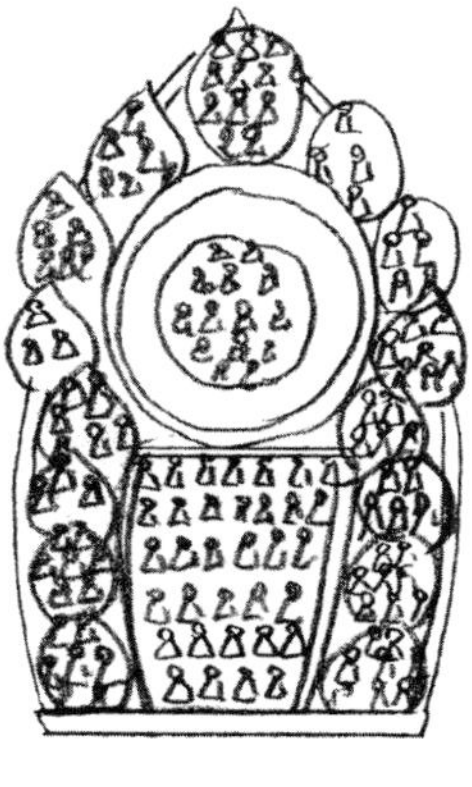

台座編

釈迦が悟りを開いた座所

立像、座像を問わず、仏像を安置する台を台座といいます。仏座、金剛座《こんごうざ》（金剛宝座）ともいいます。金剛座は、ブッダガヤーで釈迦が悟りを開いたときに座っていた菩提樹《ぼだいじゅ》の下を「堅固な悟りの座所」の意味で、金剛座と呼んだことから、仏像の台座を広く金剛座というようになりました。

蓮華《れんげ》や須弥山《しゅみせん》をかたどる

台座は、蓮華をかたどった「蓮華座」が最も一般的で、古代から現代まで用いられていますが、ほかにもさまざまな意匠の台座があります。奈良の法隆寺や薬師寺の仏像に見られる「須弥《しゅみ》座《ざ》」という方形の台座や、台座から仏像の裳《も》を垂らした「裳懸座《もかけざ》」は、飛鳥時代から用いられてきた古い形式の台座です。変わったところでは、「鳥獣座」などがあります。

蓮華座《れんげざ》

蓮の花をかたどった台座です。如来像、菩薩像を安置することが多いです。

須弥座《しゅみざ》

須弥山を表した台座です。如来像に用いられています。

雲座《うんざ》

雲形の台座で来迎を表し、阿弥陀三尊像の脇侍の菩薩などに用います。

多種多様な台座

蓮華座《れんげざ》　如来像、菩薩像によく使われている台座です。足を別々の蓮華に置く台座を踏割《ふみわり》蓮華座と呼びます。
須弥座《しゅみざ》　方形の台座で、須弥山をかたどっているとされます。宣《せん》の字に似ているため、宣字座ともいいます。
裳懸座《もかけざ》　仏像の着衣の裳《も》が垂れ下がり、表面をおおっている台座です。ひだの造形が優美です。
榻《とう》　座《ざ》　弥勒菩薩の半跏思惟像などに用いられている丸椅子のような形の台座です。
鳥獣座《ちょうじゅうざ》　文殊菩薩像が座す獅子、普賢菩薩が座す象も「鳥獣座」（禽獣座とも）という台座です。
岩《いわ》　座《ざ》　岩をかたどった台座で、天部像などに用いられます。
瑟瑟座《しつしつざ》　岩座の一種で、角材を組み上げたように様式化しています。不動明王像を安置します。

瑟瑟座《しつしつざ》

岩座の一種で、不動明王を安置します。

鳥獣座《ちょうじゅうざ》／象

普賢菩薩の台座です。六本牙の白象に乗っていることもあります。

洲浜座《すはまざ》

砂浜を表した台座です。八部衆などに使われています。

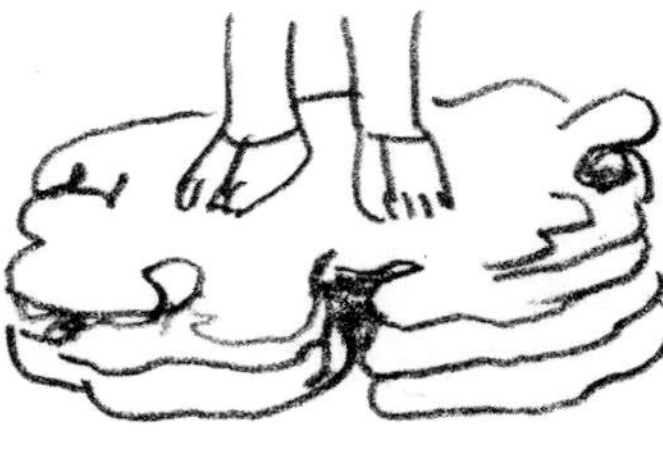

鳥獣座《ちょうじゅうざ》／水牛

大威徳明王がまたがって乗ります。水牛は障害を乗り越えて進む象徴といいます。

鳥獣座《ちょうじゅうざ》／獅子《しし》

文殊菩薩が乗ります。獅子は仏の智恵の力の象徴といわれています。

鳥獣座《ちょうじゅうざ》／猪

摩利支天が乗っていることがあります。

鳥獣座《ちょうじゅうざ》／孔雀《くじゃく》

孔雀明王の台座で、尾を光背にします。孔雀は美しいだけでなく、蛇を食べ、災いを取り除きます。

邪鬼《じゃき》

小さな悪鬼で、四天王の多門天像などが踏みつけていることがあります。

地天《ちてん》

毘沙門天像の足を両手で支えていることがあります。

如来像の見かた

如来とは悟りをひらいたあとのお釈迦様を現したものでした。長い年月の苦行の後、お釈迦様の衣はボロボロになっていたとされ、多くの如来像は一枚の薄く簡素な衣をまとった姿となっています。釈迦如来は釈迦という実在の人物をモデルにしていますが、それ以外の如来は人びとの苦しみを取り除く力や真理など仏のもつ力や世界観を現しています。如来の教えは手指の組み合わせで表現し、言葉ではなく姿で伝えています。

如来《にょらい》とは

真理を悟り、教え導く存在

真如《しんにょ》より来た者であり「真理を悟った者」

如来は、字義通り訳すと「真如より来た者」です。真如は、すべてのものの真実の姿であり、永久不変の真理ですから、如来は「真理そのものとして来た者」「不変の真理の世界から来た者」という意味になります。そして、私たち衆生《しゅじょう》を教え導いてくれる存在です。

漢語に訳される前の如来にあたる梵語「タターガタ」の意味は、「かくの如く行った者（そのように行った者）」であり、「真理に至った者」「悟った者」を指すともいいます。

釈迦《しゃか》自身は、悟りを開いたあと、鹿野苑《ろくやおん》で初めて五人の修行者たちに教えを説いた初転法輪《しょてんぼうりん》の際、「如来は完全な悟りに到達した人で、世間の人々の尊敬に値する人だ」と語ったといわれています。

如来像の特徴

螺髪《らほつ》
頭髪の一本一本が右回りに渦巻いて、固まりになっている。
肉髻《にくけい》
頭部のうち、椀を伏せたように隆起している部分。悟りの智恵が詰まっているとされる。
三道《さんどう》
喉元にある三本のしわ。悟りに至るまでの修行の三段階を示すといわれる。
白毫《びゃくごう》
額の中央にある丸まった白い粗毛。右回りに渦巻いている。
納衣《のうえ》
如来の法衣（袈裟）で粗末な衣服であることが特徴。
印相《いんぞう》
手の形に仏像の意味が込められている。
蓮華座《れんげざ》
蓮華をかたどった台座。泥の中から花を咲かせる蓮華（ハス）は、仏の智恵や悟りを象徴している。
結跏趺坐《けっかふざ》
如来の一般的な坐り方。足の甲を反対側の足の太ももの上に乗せる。

釈迦牟尼《しゃかむに》を始めとし、多くの如来が登場

仏教が興った当初、真理を悟った者（仏《ほとけ》）は、釈迦牟尼だけでした。そのため、釈迦如来だけが如来でした。しかし、多くの仏を認める大乗仏教が成立すると、薬師《やくし》如来、阿弥陀《あみだ》如来、大日《だいにち》如来など、如来の数は増えていきました。

知っていると役立つ如来の10の優れた品性と尊称

如来は「仏十号《ぶつじゅうごう》」という10の異なる尊称を持っています。仏様を拝観したときに知っておくと役に立ちます。

応供《おうぐ》	供養、尊敬に値する者。
正遍知《しょうへんち》	正しく真理を悟った者。
明行足《みょうぎょうそく》	過去・未来・現在の智と行が備わっている者。
善逝《ぜんぜい》	迷いの世界を脱却した者。
世間解《せけんげ》	世間のことをよく知っている者。
無上士《むじょうし》	世に最も尊い者。
調御丈夫《じょうごじょうぶ》	人をよく御して悟りに導く者。
天人師《てんにんし》	神々と人間の師である者。
仏《ぶつ》	悟った者。
世尊《せそん》	世間から尊敬される者。

仏の住む世界

仏は真理を悟ったもの。すなわち真理という家の住人で、真理から衆生《しゅじょう》（生命のあるすべてのもの）を導きに来る仏を「如来」、導き後に真理の世界に帰る仏を「如去」といいます。両者を含めて「如来」と呼びます。

1

しゃかにょらい

釈迦如来像

真理に目覚め、悟りを得たゴータマ・シッダールタの姿を表現

仏教の開祖、釈迦牟尼《しゃかむに》（釈迦）の姿を表した像です。紀元前五世紀頃、インドで仏教を開いたゴータマ（ガウタマ）・シッダールタは、釈迦族の聖者を意味する釈迦牟尼と呼ばれ、「目覚めた人」として、仏陀とも呼ばれました。如来は「真理の世界から来た人」のことです。

ガンダーラ美術など初期の仏像は、ほとんどが釈迦の像です。仏像造りは釈迦の姿を具象化することに始まり、のちにさまざまな仏像が作られるようになりました。釈迦の像には、誕生仏《たんじょうぶつ》、苦行仏《くぎょう》、涅槃《ねはん》仏などもありますが、日本の寺に本尊としてまつられている釈迦如来の多くは、教えを説く姿の説法《せっぽう》像です。

見方のPoint

釈迦如来像は釈迦三尊としてつくられることが多く、脇侍《きょうじ》（従者）の文殊菩薩・普賢菩薩と並ぶ例があるが、他にも様々ある。如来は装飾品や冠などを身につけておらず、とてもシンプルな姿をしています。

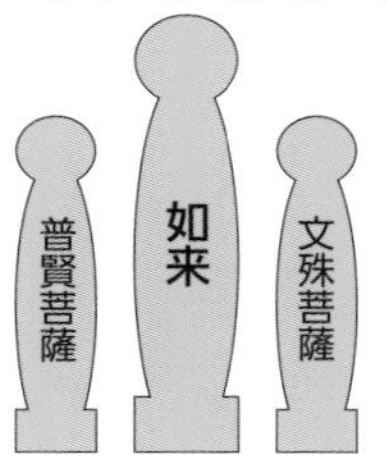

この仏像を安置する代表的な寺

奈良・法隆寺
奈良・室生寺
京都・蟹満寺

一口知識

手の組み方「定印」
座禅の時の手の組み方と同じ

釈迦が菩提樹の下で悟りをひらいたときの姿をとらえたもの。禅定印は座禅をするときの組み方で、禅宗のお寺の釈迦如来で多く見られます。26ページ「釈迦の五印」参照

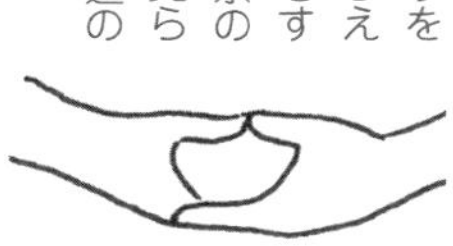

仏像見聞録

国宝

名　称：「奈良・法隆寺」**釈迦三尊像**
寺院名：聖徳宗総本山法隆寺
所在地：奈良県生駒郡斑鳩町法隆寺山内1-1

飛鳥彫刻の代表作とされる仏像です。中国の影響が強く、幻想的な表情が印象的。この三尊は背後に大型の舟形の光背をつけています。一光三尊の金銅像として日本で最も古い様式の仏像です。脇侍は薬王・薬上菩薩ともいわれます。

修行時代から伸びてしまった髪がちりちりになって、まとめたらこの形になりました
頂髻相《ちょうけいそう》
盛り上がった頭の肉の形
白毫相《びゃくごうそう》とは？
額から白くて長く伸びてる毛が渦巻いてほくろのようになり、光を放つ
白毫相《びゃくごうそう》
釈迦如来はあらゆる仏像の基本形
願いを叶える手
不安を取り除く手
台座《だいざ》
蓮華座
仏像の元祖

釈迦如来像

仏像の手の形や組み方を印相、略して「印」と呼んでいます。

釈迦の五印とは、釈迦のある特定の行為に伴う身振り手振りから生まれた形。

与顕印
（よがんいん）

施無畏印
（せむいん）

降魔印
（ごうまいん）

右手を胸の前あたりに上げたポーズは、聴衆に「まあ、楽にしてお聞きなさい」といったところ

説法印
（せっぽういん）

定印
（じょういん）

釈迦が菩提樹の下で悟りをひらいたときの印

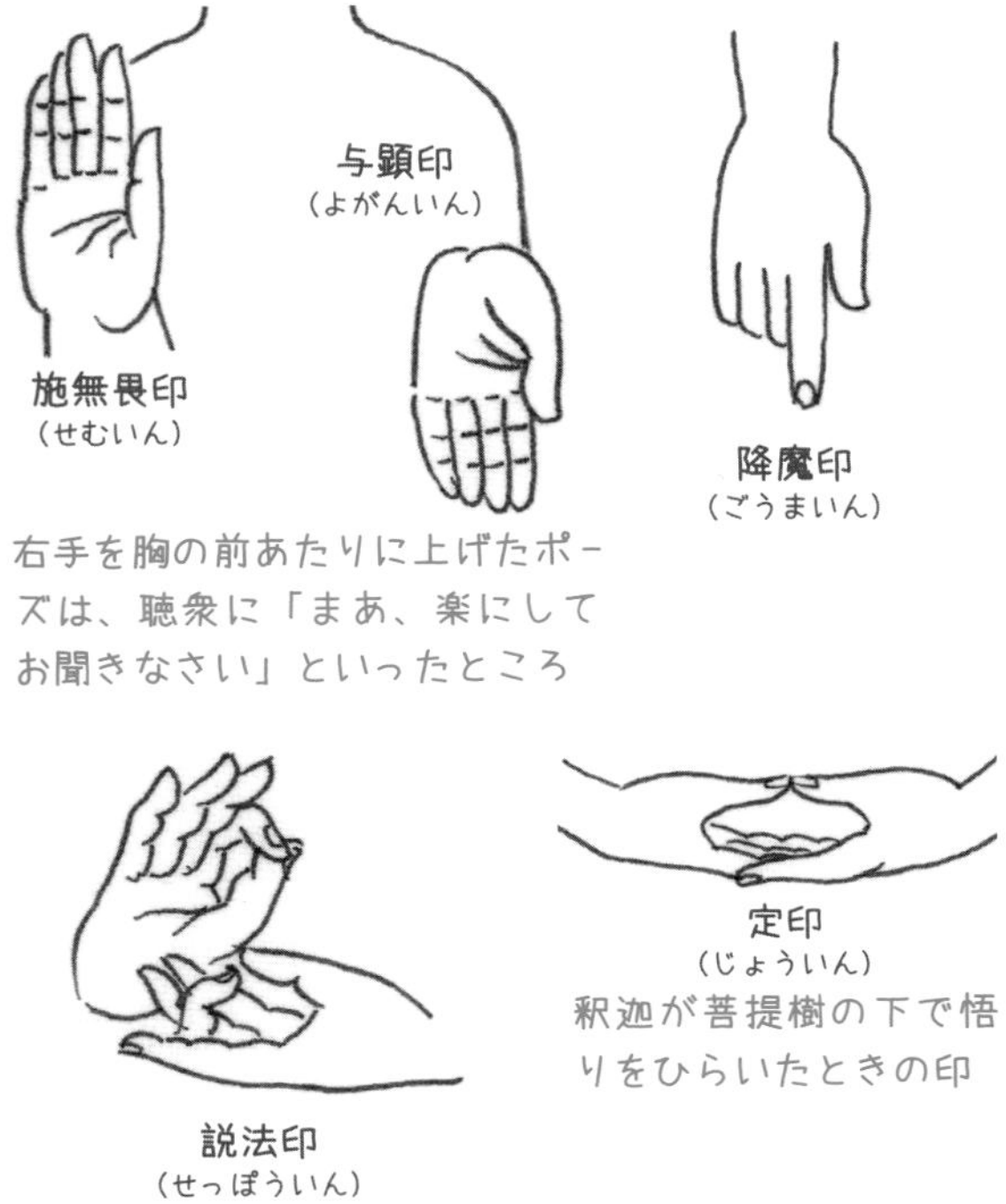

立っている釈迦如来のお姿

花まつり　4月8日はお釈迦さまの誕生日

「花まつり」とは、"釈迦の生誕をお祝いする日" です。4月8日の前後には、全国の寺院や各地域で、小さな誕生仏の頭上に竹の杓で甘茶をかけてお祝いします。釈迦が生まれたとき、龍が現れ甘い水をはきました。その甘い水を産湯に使ったという説が甘茶をかける由来になっています。釈迦の誕生時をかたどった小さい仏像は、釈迦が産まれた直後に七歩歩き、右手で天、左手で地をさして「天上天下唯我独尊」と唱えた姿です。

国宝

高さ47・5センチの可愛い誕生仏

名　称：**東大寺「誕生釈迦仏立像」**（たんじょうしゃかぶつりゅうぞう）

寺院名：華厳宗大本山東大寺

所在地：奈良県奈良市雑司町406-1

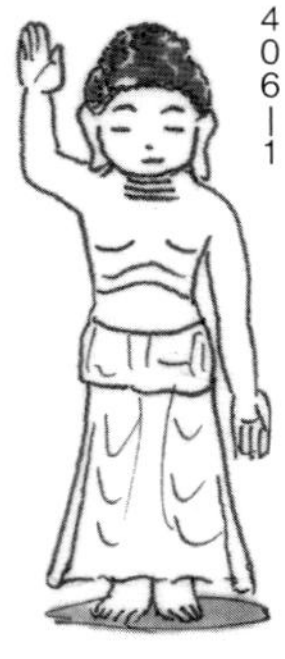

仏像のかたちは三十二の大きな特徴（三十二相）と八十の小さな特徴（八十種好）にまとめられています。

三十二相・八十種好の代表的なもの

髪色好如青珠《はつじきごうにょせいじゅ》

髪が青い

手足指縵網相《しゅそくしまんもうそう》

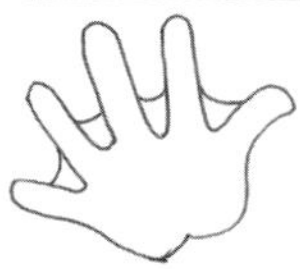

指の間に水かきのような幕がついている

眉間白毫相《みけんびゃっこうそう》

足下二輪相《そくげにりんそう》

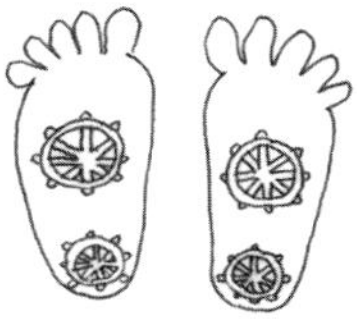

手と足の裏に法輪の模様がある

眉如初生月紺瑠璃色《びにょしょせいげっこんるりじき》

細い三日月型の眉

広長眼《こうちょうがん》

眼は細長く広い

三道《さんどう》

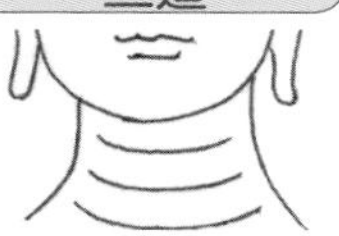

首に三本のシワがある。三道は如来が悟りに達したことを表すもの

耳輪垂成《じりんすいせい》

耳が長い

耳朶環状《じだかんじょう》

耳たぶに穴があいている

仏伝

仏陀の一生を表したものを「仏伝」といい、仏伝の中でも重要な事績を**釈迦八相**と呼ぶ。様々な形の仏陀像がある。

1 下天《げてん》
生まれかわって、天から降りて来ました

2 入胎《じゅたい》
お母さん(摩耶夫人)の体内に宿ります

3 誕生

誕生仏
お誕生です

4 出家

釈迦苦行像
断食、修行時代

5 降魔《ごうま》

降魔成道像
悪魔に屈せず修行、悟りをひらく

6 成道《じょうどう》
悟りが完成

7 転法輪《てんぽうりん》
説法をし始めます

8 入滅《にゅうめつ》

涅槃像
お亡くなりになったお姿

2

あみだにょらい

阿弥陀如来像

その名を唱えれば、極楽浄土に往生できるという

西方にある極楽浄土を治めている仏です。もとは法蔵菩薩と名乗り、衆生を救うために四十八の誓願《せいがん》を立て、修行を重ねて如来になりました。阿弥陀は、梵語のアミターユス（無限の寿命のあるもの）アミターバ（無限の光明のあるもの）を音写したもので、無量寿仏《むりょうじゅぶつ》、無《む》量光仏《りょうこうぶつ》とも呼びます。弥陀と略されることもあります。

阿弥陀如来の姿や功徳を思い、「南無阿《なむあ》弥陀仏《みだぶつ》」と、その名を唱えれば、死後は極楽浄土に生まれ変わることができるという信仰が、中世の頃に盛んになりました。阿弥陀如来の像は、弥陀定印《みだじょういん》という特有の印を結んでいるものが多いです。

見方のPoint

阿弥陀如来は座像と立像がありますが、浄土真宗の本尊は立像と定められています。

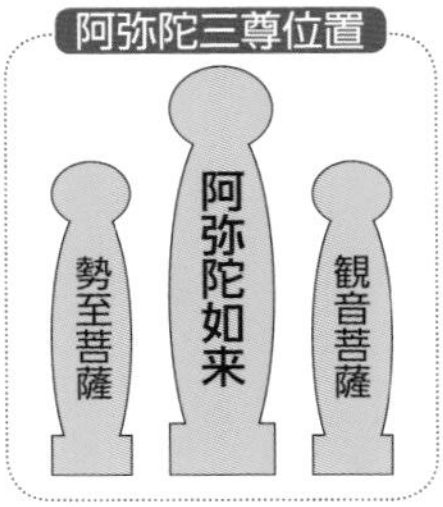

この仏像を安置する代表的な寺
京都・平等院

一口知識

音楽も楽しめる仏像とは
光背に描かれる極楽浄土の風景

京都・平等院の阿弥陀如来の光背と後方の壁には、空を自由に飛ぶ優美で華麗な姿をした雲中供養菩薩や飛天がいる。楽器を持つ姿から音楽も聞こえてくるように感じます。これも極楽の風景。戌《いぬ》年・亥《い》年の守護本尊です。

仏像見聞録

鎌倉：高徳院（鎌倉の大仏）
栃木：日光山輪王寺
京都：三千院（弥陀如来三尊坐像）
京都：永観堂（無量寿院禅林寺）
東京：九品仏浄真寺
東京の九品仏浄真寺は、東京急行電鉄大井町線「九品仏駅」の名にもなっているお寺。都内とは思えない自然が残る等々力渓谷など、周辺は見所たくさん。

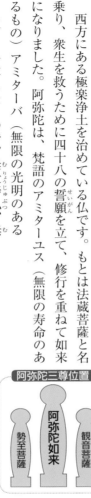

九品来迎印 阿弥陀如来がが亡くなった人を迎えに来るとき、生前の行いに応じて９つの行き先があり、その行き先によって出迎えかたが異なっているとされています。その世界を９つの印相により示しています。

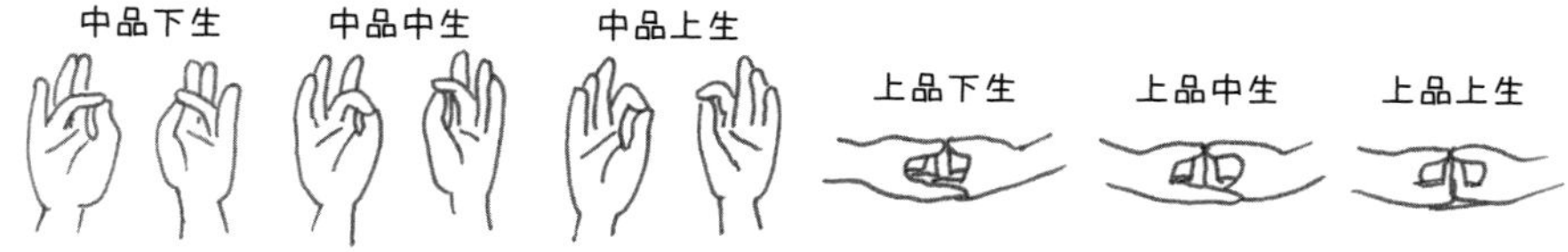
中品下生
中品中生
中品上生
上品下生
上品中生
上品上生

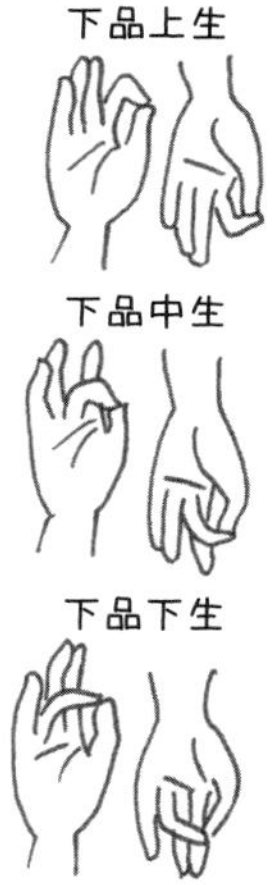
下品上生
下品中生
下品下生

螺《ら》髪《ほつ》が巨大！五《ご》劫《こう》思《し》惟《ゆい》阿《あ》弥《み》陀《だ》仏《ぶつ》

阿弥陀如来が衆生を救うため五劫（極めて長い時間）の間思惟をこらし、四十八願をたて、修行をされた結果、髪の毛が伸びて渦高く螺髪を積み重ねた頭となられた

こんな髪型も 宝髪《ほうはつ》

髪を頭上で束ねた髪型

偏袒右肩《へんだんうけん》

衣の右肩を脱いで、左肩だけ覆う着方だが、右肩に軽くかける場合もある

弥陀定印のパターンもいろいろ

台座《だいざ》

きれいなお花（蓮華）の上にお座りです

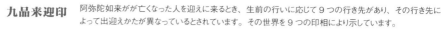

3

やくしにょらい

薬師如来像

（薬師瑠璃光如来《やくしるりこうにょらい》）

衆生を病苦から救う「医王《いおう》」とも呼ばれる仏

東方の浄土である浄瑠璃世界《じょうるりせかい》の教主で、正式には薬師瑠璃光如来といいます。心身の病をいやす仏として、医王とも呼びます。薬師如来は菩薩だったとき、「除病安楽」「息災離苦」など十二の大願を成就して如来になりました。そのため、病苦から救ってくれる仏として、わが国では古代から篤く信仰されてきました。なかでも六八〇年、天武《てんむ》天皇が皇后の病気平癒を祈願して建立した奈良の薬師寺は有名です。

釈迦如来と同じ姿をしていますが、与《よ》願印《がんいん》の左手に薬壺《やくこ》を載せているのが特徴です。日光菩薩、月光菩薩を脇侍にしたものを薬師三尊と呼びます。

見方のPoint

薬師三尊像の代表的な脇侍は日光菩薩、月光菩薩。日光菩薩は光明で天下を照らし、諸苦の根源の闇をなくすとされ、月光菩薩は清涼をもって煩悩をなくすとされています。

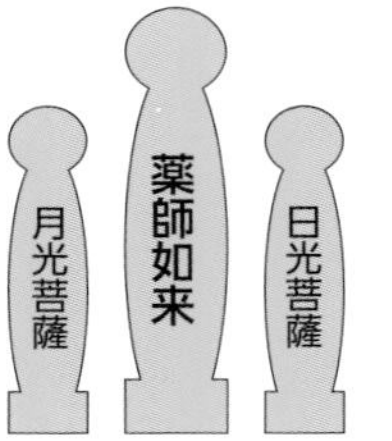

この仏像を安置する代表的な寺

奈良・法隆寺　京都・仁和寺
奈良・唐招提寺　京都・醍醐寺
奈良・薬師寺

一口知識

左手の薬壷がポイント
見分けは永遠に減らない万能薬入りの薬壷

薬壺を持ち病気を治す仏様・薬師如来は、またの名を医王ともいい、医薬兼備の仏様です。

仏像見聞録

国宝

名　称：「奈良・薬師寺」**薬師三尊像**
寺院名：法相宗大本山薬師寺
所在地：奈良県奈良市西ノ京町457

薬師如来の光背には7つの仏様を配している場合があります。「七仏薬師」と呼ばれ、お薬師様の分身的存在です。

医王と呼ばれ、手には薬壺《やくこ》を持つ

薬師の三界印《さんがいいん》
阿弥陀の九品印のうちの下品上生をいい、親指と人差し指で輪をつくる
納衣《のうえ》
上半身を覆う袈裟
施無畏印《せむいいん》
相手に危害を加えず、恐れをいだかせないことを表す印
魔法のような薬壺《やくこ》
台座《だいざ》
蓮華

薬師十二神将（P114）と一緒に安置されているところもあるよ

4

だいにちにょらい

大日如来像

密教の教義で、宇宙の真理である偉大な仏

真言密教《しんごんみっきょう》の教主です。宇宙の真理そのものであり、宇宙と一体の存在とされてきた仏です。その放つ光が遍《あまね》く照らすことから、遍照如来《へんじょうにょらい》とも呼ばれます。すべての仏と菩薩が持つ徳を備えており、神仏混淆《こんこう》の時代には、天照大神《あまてらすおおみかみ》と習合していました。

密教には金剛界《こんごうかい》と胎蔵界《たいぞうかい》の両部があり、金剛界の大日如来は智拳印《ちけんいん》を結び、胎蔵界の大日如来は法界定印《ほっかいじょういん》を結んでいます。智拳印は仏の智恵を表し、法界定印は瞑想している状態を表しています。仏像の場合には、智拳印を結んだ姿のほうが多いです。

見方のPoint

見所は、他の仏様とは比べ物にならない絢爛豪華な宝冠や装飾で着飾っているところ。大日如来が「仏の中の仏」であることを示しています。

この仏像を安置する代表的な寺

京都・東寺

和歌山・金剛峯寺

一口知識

忍者の手つきのような…。大日如来だけの印、智拳印

左手の人差指を立て、それを右手の拳で握った印を結んでいます。これは金剛界大日如来だけの特有の印で、他の仏や菩薩には見られません。大日如来の智恵を表しています。未年《ひつじ》・申年《さる》の守護本尊です。

仏像見聞録

国宝

名　称：「奈良・円成寺」運慶作《うんけいさく》・大日如来座像《だいにちにょらいざぞう》

寺院名：忍辱山円成寺

所在地：奈良県奈良市忍辱山町1273

円成寺の大日如来坐像は、仏師界の天才スター「運慶」若き日の作。まるで人が座っているように見えるのは、目に水晶の板をはめ込む「玉眼」という技法のためです。

真言密教で説かれる宇宙仏

宝髻《ほうけい》
長い髪をまげのように結い上げている
宝冠《ほうかん》
五智の宝冠《ほうかん》といわれ、如来の最高位を表している。豪華な装飾にうっとり
美しい衣で優雅に
瓔珞《ようらく》
胸の飾りもきらきらと美しい
臂釧《ひせん》
腕輪
腕釧《わんせん》
仏様のブレスレット
台座《だいざ》
蓮弁に結跏趺坐《けっかふざ》

5

びるしゃなにょらい

毘盧遮那如来

「奈良の大仏」として親しまれる壮大な宇宙を象徴する仏像

毘盧遮那という難しい仏号は、「広く照らす」という意味の梵語・バイローチャナを音訳したものです。略して、盧舎那仏《るしゃなぶつ》や遮那《しゃな》仏ともいいます。梵語を意訳して、光明偏照《こうみょうへんじょう》とも呼ばれます。毘盧遮那如来は、『華厳経《けごんきょう》』の教主であり、万物を照らす宇宙的な存在の仏で、広大無辺な仏の智を象徴しています。密教では、大日如来（マハーバイローチャナ）と同じ仏とされています。

毘盧遮那如来は、宇宙的な存在にふさわしく、巨大な像として造形されてきました。天平勝宝四年（七五二年）に開眼《かいげん》された奈良の東大寺（華厳宗）の本尊「奈良の大仏」は、銅造の盧遮那仏です。

見方のPoint

唐招提寺の盧舎《るしゃ》那仏坐像《なぶつざぞう》の光背には化仏がたくさん。

この仏像を安置する代表的な寺

奈良・東大寺
奈良・唐招提寺

一口知識

とてもビッグな仏様
宇宙の大きさを表現

毘盧遮那如来は規模を大きくつくるので、日本では奈良・東大寺、奈良・唐招提寺、九州・戒壇院《かいだんいん》の他はほとんど見ることができません。東大寺の毘盧遮那如来は「奈良の大仏様」で親しまれています。

仏像見聞録

国宝
名　称：「奈良・東大寺」**毘盧遮那仏坐像《びるしゃなぶつざぞう》**
寺院名：華厳宗大本山東大寺
所在地：奈良県奈良市雑司町406-1

国宝
名　称：「奈良・唐招提寺」**盧舎那仏坐像《るしゃなぶつざぞう》**
寺院名：唐招提寺
所在地：奈良県奈良市五条町13-46

唐招提寺の毘盧遮那如来は、脇侍に千手観音と薬師如来という、他には見られない組み合わせです。

お釈迦様のお姿を通して教えを説く

太陽が神格された存在であり宇宙を表す仏

奈良の大仏様は毘盧遮那如来
鎌倉の大仏様は阿弥陀如来

肉髻《にくけい》　悟りの智恵が詰まっている

納衣《のうえ》　上半身を覆う袈裟は質素な衣

台座《だいざ》　蓮の花の台座に結跏趺坐《けっかふざ》です。東大寺の台座の蓮弁（蓮の花弁）に線刻された、華厳経の世界観を表す絵もすばらしい

6

そのほかの如来

五智如来《ごちにょらい》や過去七仏《かこしちぶつ》など数多くの如来が存在

釈迦如来、阿弥陀如来、薬師如来、大日如来、毘《び》盧遮那《るしゃな》如来以外にも如来はいます。空海が開創した高野山金剛峯寺の本尊は、阿閦《あしゅく》如来ともいわれます。阿閦如来は、密教の「金剛界五仏」ともいう「五智如来」の一尊で、五つの智恵のうち、大円鏡智（大きな円い鏡が照らすような智恵）を司っています。

五智如来には、宝生《ほうしょう》如来（平等であることを悟る智を司る）、不空成就《ふくうじょうじゅ》如来（物事を成就する智を司る）などもいます。宝幢《ほうとう》如来などが属する「胎蔵界五仏」というものもあります。また、釈迦より前に六尊の仏（如来）がこの世に出現したとされ、釈迦如来を含めて「過去七仏」と呼んでいます。

菩薩像の見かた

菩薩像の多くはきらびやかな衣装や装飾品を身に付けています。釈迦族の王子時代のお釈迦様がモデルであり、インドの貴族の姿が基本になっています。たくさんの種類がある菩薩は、それぞれ慈悲や智慧を授けるなど、違った力や役割を持っています。観音菩薩像は複数の顔や手を持つ「多面多臂像」が多く見られます。菩薩像はできるだけ多くの人を救済したいという願いが込められ、その願いをかなえるため多くの持ち物を持っています。

菩薩《ぼさつ》とは

悟りを求めて修行する者

菩薩は、悟りを求めて修行している者のことです。梵語ボーディサットバを漢語で「菩提薩埵《ぼだいさった》」と音写、その省略語が菩薩です。ボーディ（菩提）は「仏の悟り」、サットバ（薩埵）は「命ある者、衆生」を意味しています。

釈迦牟尼は、前世で他者に慈悲を繰り返し行っていたため、今世で真理に目覚め、悟りに達して仏陀《ぶった》（仏）になることができたという考えにもとづき、当初は、仏陀になる以前の釈迦牟尼だけを菩薩としていました。

しかし、多くの仏の存在を認める大乗《だいじょう》仏教では、悟りを得ることを目指して修行中の者も菩薩と呼んだり、修行の結果、将来、仏になることが決まっている者を菩薩と呼んだりするようになりました。

十波羅蜜《じっぱらみつ》

ナム
ナム
ナーム
精進《しょうじん》
持戒《じかい》
布施《ふせ》
忍辱《にんにく》
ギュー

菩薩が行う修行、波羅蜜《はらみつ》

菩薩が修める修行の徳目を「波羅蜜（波羅蜜多《はらみった》）」と呼びます。通常は、布施《ふせ》、持戒《じかい》、忍辱《にんにく》、精進《しょうじん》、禅定《ぜんじょう》、智恵《ちえ》の六種類の六波羅蜜ですが、方便《ほうべん》、願、力、智を加え、十波羅蜜《じっぱらみつ》にすることもあります。

布施《ふせ》	施しをする。
持戒《じかい》	戒律を堅く守る。
忍辱《にんにく》	侮辱や苦難を耐え忍ぶ。
精進《しょうじん》	仏道修行に励む。
禅定《ぜんじょう》	心を静め、集中して瞑想する。
智恵《ちえ》	真実を見極め、真理を明らかにする。
方便《ほうべん》	衆生を導く手段を講じる。
願《がん》	誓い。願い。衆生済度の願い。
力《りき》	優れた働きをもたらす力を養う。
智《ち》	一切の物事を知る。

仏の後継者

菩薩は、将来仏になります。なかでも弥勒《みろく》菩薩は、釈迦牟尼に次いで如来になることが約束されています。

菩薩像は、本尊としてまつられることもあれば、如来の脇侍《きょうじ》を務めることもあります。

7 弥勒菩薩像

みろくぼさつ

釈迦に代わって、人々を救う「未来仏」

弥勒菩薩は「未来仏」として、仏になることが決まっています。現在は兜率天《とそつてん》に住んで天人のために説法していますが、釈迦の入滅《にゅうめつ》から五十六億七千万年後、衆生済度《しゅじょうさいど》のため、この世に現われます。弥勒という名は、梵語名マイトレーヤの音写で、情けや慈しみを意味する訳から「慈尊《じそん》」とも呼ばれます。

弥勒菩薩像は、釈迦如来のように座った像や立像もありますが、京都の広隆寺、奈良の中宮寺などにある半跏思惟像《はんかしいぞう》が有名です（中宮寺は如意輪観音とも）。

腰掛けて右足を左の膝の上に乗せ、右手の指を頬にあてた半跏思惟像は、兜率天で思索している姿を表現しています。

見方のPoint

最も有名な国宝登録第1号京都・広隆寺、奈良・中宮寺の弥勒菩薩は椅子に腰掛けて考えるポーズをしています。これは、どのようにして民衆を救うか考えられている姿です。菩薩型は宝冠をかぶり、手に持物《じぶつ》を持っています。

一口知識

半跏思惟の弥勒菩薩は古いスタイルの弥勒菩薩です

平安時代以降、弥勒菩薩の半跏思惟像はつくられなくなります。立像や座像になり、手に宝塔を乗せていることがあります。

この仏像を安置する代表的な寺

京都・広隆寺
奈良・中宮寺

仏像見聞録

国宝

名　称：「京都・広隆寺」木造弥勒菩薩半跏像《もくぞうみろくぼさつはんかぞう》
寺院名：蜂岡山広隆寺
所在地：京都府京都市右京区太秦蜂岡町32

京都の広隆寺の弥勒菩薩半跏像は、奈良の中宮寺の菩薩半跏像（伝如意輪観音）と同じポーズを取っていて、どちらも有名です。

半跏思惟《はんかしい》像

どうやって人々を救おうかと考えている優しいお顔

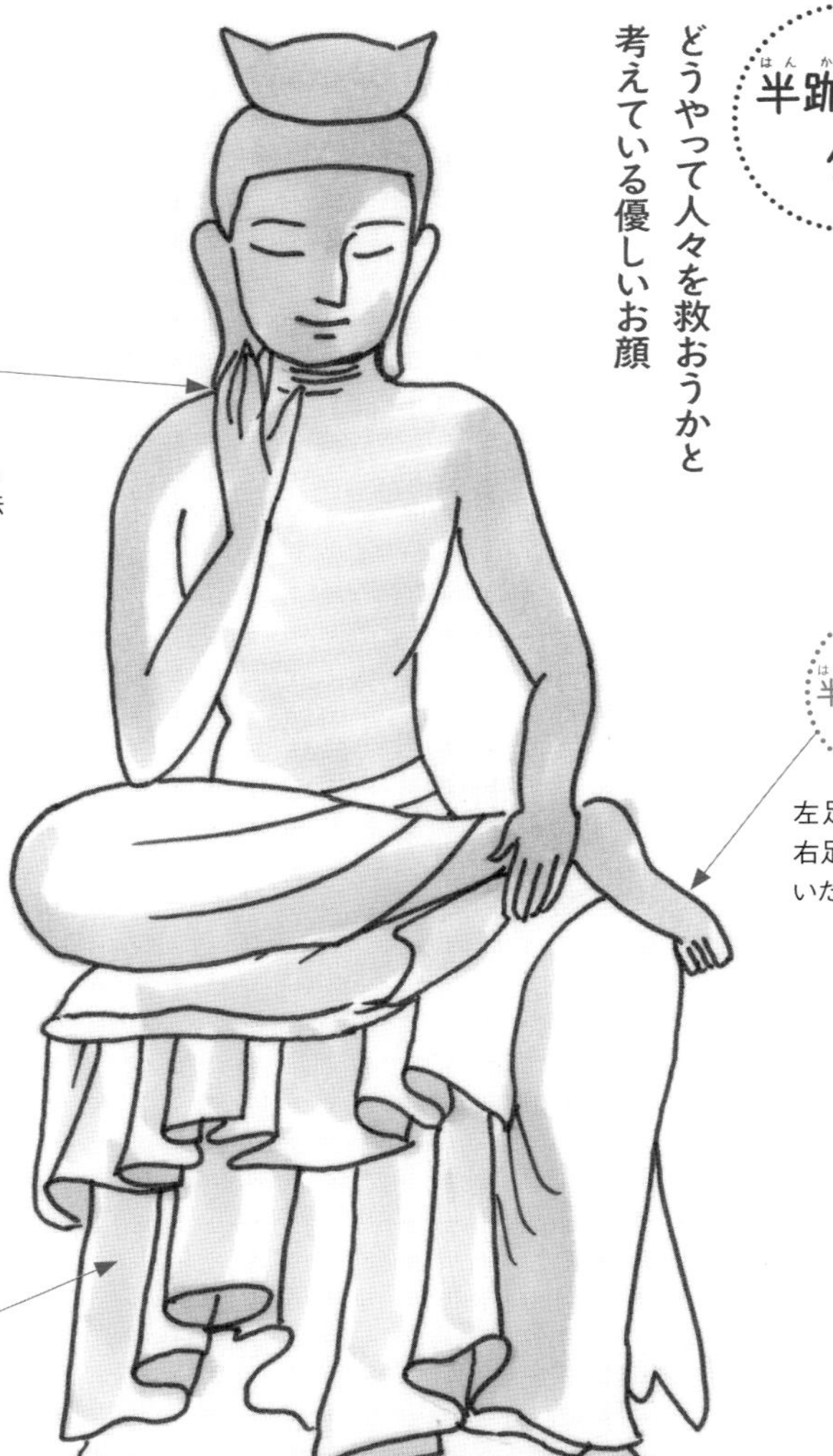

思惟《しい》の形

頬《ほほ》に手を当て、人びとを救う方法を考えている

半跏踏下座《はんかふみさげざ》

左足を下におろし右足を膝の上に置いた姿

裳懸座《もかけざ》

衣の裾が波打つように下がる形の台座

出家する前の王子だった頃のお釈迦様のお姿

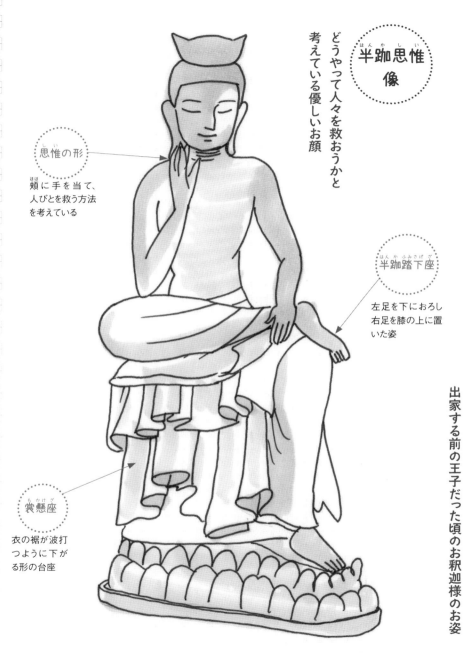

8

もんじゅぼさつ

文殊菩薩像

獅《し》子《し》の背に乗り 真理を悟る智恵を司る

仏の叡知《えいち》を象徴する菩薩で、「三人寄《よ》れば文殊の智恵」のことわざでよく知られています。文殊という菩薩名は、梵語マンジュシュリーの音写語「文殊師利《もんじゅしり》」を略したものです。文殊は、古代インドに実在した人のようです。当時、維摩《ゆいま》という学識優れた在家仏教者がおり、文殊だけが対等に問答したといいます。

文殊菩薩の像は、左手に経巻を持ち、右手に宝剣を握り、獅子の背に乗った姿で造形されることが多く、象に乗った普賢《ふげん》菩薩とともに、釈迦の脇侍として、三尊像になっていることがよくあります。文殊菩薩の宝剣は、誤った考えなどを断ち切る智恵の利剣です。

見方のPoint

文殊菩薩像は釈迦の脇侍として、獅子の台座に載っていますが、獅子は釈迦の声が獅子のような威厳や遠くにまで届くといったことを表しています。また、獅子の台座に乗っていない像もあります。まげが複数ある文殊菩薩像もあります。密教には特定のご利益を期待する呪文があり、文殊菩薩のまげと呪文は同じ数になっています。まげの数をチェックしてみるのも面白いですね。

この仏像を安置する代表的な寺

京都・西大寺
奈良・安倍文殊院

一口知識

文殊の智恵 ご利益は合格祈願

物事に主観を交えずに判断する智恵を持っているのが文殊菩薩。いろんな試験や資格にチャレンジする時の強い味方です。学業の向上、合格祈願など、学問に関係することにご利益があります。十二支の卯年の守護本尊でもあります。

仏像見聞録

国宝
名　称：渡海文殊《とかいもんじゅ》
寺院名：安倍山安倍文殊院
所在地：奈良県桜井市阿部645

名　称：文殊菩薩《もんじゅぼさつ》
寺院名：大智山覚母院文殊寺
所在地：埼玉県熊谷市野原622

安倍文殊院の文殊菩薩は仏師界の二大スター・快慶の作で、日本最大の文殊菩薩です。

文殊菩薩はほかの仏様より全体的に
かわいらしいお顔立ちが特徴

まげの数
によって
お願いご
とが違う
誤った考え
などを断ち
切る智恵《ちえ》の
宝剣！
智恵《ちえ》の象徴
の巻物！
獅子の
台座
青い獅子に乗っています。獅子は智恵の勢いが盛んな様子を表しています

釈迦が王子だった頃の衣装や装身具を
身にまとっています

9

普賢菩薩像

ふげんぼさつ

象の背に座して合掌《がっしょう》し 仏の実行力を表す

文殊菩薩とともに、釈迦如来の脇侍としてまつられている菩薩です。象の背に乗って合掌している姿が多いのが特徴です。仏の「智《ち》」を象徴する文殊に対し、「行《ぎょう》」の面を司り、仏の実行力を象徴しています。両菩薩が一体となって、仏の教化《きょうけ》や済度《さいど》を助けます。

普賢は、梵語名をサマンタバドラといいます。「普《あまね》く賢い者」という意味で、あらゆる場所に現われて、賢者の功徳《くどく》を示すとされています。「諸仏を敬う」「如来を称讃《しょうさん》する」「罪業《ざいごう》を懺悔《さんげ》する」「仏に教えを請う」など、普賢が立てた十の大願は、菩薩が修行によって身につけるべき徳の代表と見なされています。

見方のPoint

白い象の台座に座る姿が一般的ですが、座像は、台座に象が描かれていることもあります。牙を六本持っている象は、眼・耳・鼻・舌・身・意の意味を表し、人間の心身を意味しています。

この仏像を安置する代表的な寺
京都・妙法院

一口知識

普賢延命菩薩 長寿のご利益!

普賢菩薩には、延命のご利益があるとされています。仏像の手は臂（ひ）と数えますが、二十臂の普賢延命菩薩もつくられています。辰《たつ》年・巳《み》年の守護本尊です。

仏像見聞録

国宝
名　称：**普賢菩薩騎象像**
館　名：大倉集古館
所在地：東京都港区虎ノ門2-10-3 The Okura Tokyo オークラ プレステージタワー

大倉集古館は明治・大正の実業家大倉喜八郎が、収集した古美術などを収蔵・展示する日本最初の私立美術館。

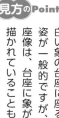

女性の信仰を集める仏として有名です

稚児普賢というかわいらしい絵もあります

宝髻《ほうけい》
宝冠をかぶっている場合もあります
優しいお顔つき！
安心を感じる合掌印
美しい蓮華座
白い象さんにお座りになっている！

10

虚空蔵菩薩《こくうぞうぼさつ》像

弘法大師《こうぼうだいし》も帰依《きえ》した智恵と福徳の菩薩

その名のとおり、虚空のように広大無辺《こうだいむへん》の智恵と功徳を備えており、衆生の諸願を成就させてくれる菩薩です。虚空蔵菩薩は、十三歳になった子供が親に連れられて参る「十三参り」をはじめ、智恵と福徳の仏として広く信仰され、親しまれてきました。

密教では、記憶力を増大させる「虚空蔵《こくうぞう》求聞持法《ぐもんじほう》」の本尊とされています。奈良時代後期、空海《くうかい》（弘法大師）は、四国の室戸岬で、仏のすべての教えを暗記するため、虚空蔵求聞持法を修行していました。すると、虚空蔵菩薩の化身《けしん》である明星が飛来して口に飛び込み、空海は同法を会得《えとく》したといいます。

見方のPoint

空海は真言の呪文を100日間唱え続け、それを成し遂げた際に明星が口に飛びこむという神秘体験をしたという。

ノウボウ
アキャシャ
ギャラ
バヤ
オン
アリキヤ
マリボリ
ソワカ
明星が
口の中
に!!

この仏像を安置する代表的な寺

京都・広隆寺
京都・法輪寺

一口知識

記憶力の達人！「虚空蔵求聞持法」の方法

まず満月を描きます。その中に蓮華台で結跏趺坐をしている金色の体の虚空蔵菩薩を描きます。右手は与願印。これを室内に安置して供物をそなえ、「オン・バザラ・アラタンノウ・オンタラク・ソワカ」と百万回となえると超人的な記憶力が得られるというもの。また、虚空蔵菩薩は丑《うし》年・寅《とら》年の守り本尊です。

仏像見聞録

重文

名　称：**虚空蔵菩薩坐像**
寺院名：東大寺
所在地：奈良県奈良市雑司町406-1

東大寺の虚空蔵菩薩は盧舎那仏の脇仏として右の如意輪観音菩薩坐像と合わせて三尊形式です。
また、京都の嵐山・法輪寺では春と秋に十三歳になった歳に智恵を授けていただく十三参りの行事が行われます。

如意宝珠《にょいほうじゅ》をのせた蓮の花を持っている
五仏冠《ごぶつかん》
仏様の化身の小さな５つの仏様(化《け》仏《ぶつ》)が着いた冠
美しい蓮華の台座

11

勢至菩薩像

せいしぼさつ

観音菩薩と対になり、阿弥陀如来の脇侍《きょうじ》を務める

単独でまつられることは稀《まれ》で、阿弥陀如来の脇侍として、観音菩薩と一対になっていることが多いです。

勢至という名は「大きな勢力を得た者」という意味の梵語、マハースターマプラープタを訳したもので、大勢至《だいせいし》や得大勢とも呼ばれます。観音菩薩が阿弥陀如来の慈悲を象徴するのに対し、勢至菩薩は智恵を象徴しています。両菩薩の像はよく似ています。通常は、阿弥陀三尊の右側（向かって左）が勢至菩薩、左側が観音菩薩です。頭に載せている宝冠の前面に、観音菩薩は如来の化仏《けぶつ》をつけ、勢至菩薩は水瓶《すいびょう》をつけていることでも区別ができます。

見方のPoint

観音菩薩とよく似たお姿です。違いは宝冠の水瓶《すいびょう》です。智慧の水が入った容器を持っているのが勢至菩薩です。

この仏像を安置する代表的な寺

京都・三千院
京都・仁和寺

一口知識

ちょっと地味な仏様

脇侍として活躍

勢至菩薩は午《うま》年の守り本尊です。勢至菩薩は単体で信仰されることはほとんどなく、阿弥陀三尊の脇侍として存在します。

仏像見聞録

国宝

名　称：**一光三尊阿弥陀如来脇侍勢至菩薩**

寺院名：善光寺

所在地：長野県長野市元善町４９１

大きな1枚の舟形の「一光三尊」形式の善光寺《ぜんこうじ》式阿弥陀三尊《しきあみださんぞん》は、信州善光寺の仏像を模したもので、鎌倉時代以降に日本各地で盛んに制作されました。

宝瓶《ほうびょう》
頭に注ぐ水（灌頂《かんじょう》）が入っている
宝冠に水瓶《すいびょう》がついている
智《ち》慧《え》の力で人々を救う
反花《そりはな》の台座《だいざ》

西方極楽浄土にお住まいです

12

かんのんぼさつ

観音菩薩像（聖観音《しょうかんのん》）

変幻自在に姿を変えて、慈悲《じひ》をほどこす

観音菩薩は、数多く存在する菩薩のなかで、日本人に最も親しまれてきた菩薩です。正式には観世音《かんぜおん》菩薩、あるいは観自在《かんじざい》菩薩といいますが、「観音さま」と呼ばれて親しまれ、中世の頃から広く信仰されてきました。

大慈大悲《だいじだいひ》で私たちを救ってくれる菩薩であり、仏教の慈悲の精神を象徴する存在です。三十三身といって、仏、僧、婦女、童子、竜、夜叉《やしゃ》など多彩な姿に変身することができます。さらには、本来の姿である「聖観音」のほかに、六道《ろくどう》を輪廻《りんね》する衆生を救うため、千手《せんじゅ》観音、馬頭《ばとう》観音、十一面観音、准胝《じゅんでい》観音（または不空羂索《ふくうけんじゃく》観音）、如意輪《にょいりん》観音にも変化します。

見方のPoint

頭には観音菩薩のシンボルとして釈迦如来の化仏を乗せています。願いに合わせて33もの姿に変身できます。千手観音、馬頭観音、十一面観音などなど。これらの仏様を見るとき、観音様の化身？ と思って見るのも面白いですね。

この仏像を安置する代表的な寺

岩手・天台寺
鎌倉・東慶寺

一口知識

巨大観音に託す願い 現代でも各地に建立される

現在の私たちを救ってくれるのが観音菩薩。現世利益《げんぜりやく》といいます。観音様は片時も休むことなく人びとを見守り、「観音様」と呼ぶ声を聞き逃しません。どんな願い事も聞いてくれるすばらしい仏様なのです。今でも各地に十メートルを超える高さの大きな観音様が建立されています。

仏像見聞録

重文

名　称：**聖観音菩薩立像**
寺院名：吉祥陀羅尼山薬樹王院瀧山寺《たきさんじ》
所在地：愛知県岡崎市滝町山籠107

運慶・湛慶親子による作。運慶は力強い筋骨隆々の金剛力士像の印象が強いのですが、この聖観音菩薩立像は女性的で魅惑あふれる優美さが見所です。

性別を超越した存在
変幻自在にヘンシーン
宝髻《ほうけい》
きちっと結い
上げた髪
天衣《てんえ》
肩にかける衣。
流れるラインがす
てき
裳《も》
スカートのような
腰につける布。ド
レープが美しい。
裙《くん》ともいう
観音様の
基本形！
台座《だいざ》
蓮華

13

日光菩薩像 月光菩薩像

にっこうぼさつ　がっこうぼさつ

太陽や月のように闇を払い、光で照らす

日光菩薩は日光遍照《へんじょう》菩薩、月光菩薩は月光遍照菩薩とも呼ばれます。日光菩薩は太陽の光が、月光菩薩は月の光が俗塵《ぞくじん》を照らすように暗闇を照射する徳を持っている菩薩です。薬師如来の浄土である浄瑠璃《じょうるり》世界に住んでいるとされています。

像としては、両菩薩とも薬師如来の脇侍であり、単独でまつられることは、通常はありません。日光菩薩像は、日輪（太陽）、月光菩薩像は月輪（月）を載せた蓮華《れんげ》を持っています。しかし、持っていない像もあり、傑作として知られる奈良、薬師寺金堂の薬師三尊の日光・月光菩薩像は手に何も持っていません。

見方のPoint

医王である薬師如来が育てた日照・月照の後のすがたと考えられています。ちょっとふっくらとした面持ちです。双子のようにいつも一対です。

この仏像を安置する代表的な寺

奈良・薬師寺
奈良・興福寺東金堂
滋賀・願龍寺

一口知識

薬師如来の脇侍として安置

薬師三尊では、日光菩薩は薬師如来の左脇（向かって右）に立ち、月光菩薩は右脇に立っています。

仏像見聞録

国宝

名　称：「東大寺」**伝・日光菩薩立像**　**伝・月光菩薩立像**
安置所：東大寺ミュージアム
所在地：奈良県奈良市水門町100

東大寺・南大門の隣にある東大寺ミュージアムに展示されています。この2体の像の名称に「伝」がついているのは姿形が梵天・帝釈天像に似ているため、もともとは梵天・帝釈天だったのでは？との理由です。

月光菩薩
日光菩薩
月輪
慈悲にあふれる月の光
日輪
煩悩の闇を照らす太陽
天衣《てんえ》
衣の流れが美しい。流れ落ちる衣の先にも注目
蓮台
蓮の花の形
左右対称!
均整のとれた
お姿!

14

じゅういちめんかんのん

十一面観音菩薩像

あらゆる方面に向かい 憂い、悩み、苦難を取り払う

六観音の一つで、観音の多彩な能力を十一の顔で表した菩薩です。顔の多さは、救済が多方面にわたることを表しており、憂い、悩み、病苦などさまざまな困難を取り払ってくれると信じられています。

彫像は、本来の顔を加えて十一面のものと、本来の顔以外に十一面を持つものがあるほか、十一面に足りない像も存在します。通常は、正面に慈悲《じひ》を表す穏やかな菩薩相が三面、右に怒りの表情をした瞋怒相《しんぬそう》が三面、左に牙をむいた白牙上出相《びゃくがじょうしゅつそう》（狗牙《くげ》上出面）が三面、後ろに大笑いしている大笑相《だいしょうそう》が一面、頭頂に如来の顔をした如来相（仏面）が一面付いています。

見方のPoint

十一面観音菩薩はきらびやかなアクセサリーを身につけています。瓔珞《ようらく》と呼ばれるものです。おへそのあたりに法輪をさげている十一面観音菩薩もあります。いろいろな飾りを発見するのも面白い見方です。十一の顔の表情を一つひとつ観察してみましょう。多彩な表情が楽しめます。

この仏像を安置する代表的な寺

滋賀・向源寺
京都・大御堂観音寺
長野・牛伏寺

一口知識

360度見渡します 救済は四方八方に及びます

四方八方に顔を向けて人びとを救ってくれます。多くの人びとの話を聞き、生きる道を教えてくれます。女人高野・室生寺の観音様はふくよかでかわいらしい表情が特徴。多くの女性の願い・悩みをお聞きくださいます。

仏像見聞録

国宝
名　称：**十一面観音立像**
寺院名：法華寺《ほっけじ》
所在地：奈良県奈良市法華寺町882

重文
名　称：**十一面観音立像**
寺院名：奈良国立博物館
所在地：奈良県奈良市登大路町50番地

奈良国立博物館は奈良公園の中にあり、近くには東大寺、興福寺、春日大社など見所がたくさんです。

十一の面
一番上の大きい顔が如来。あとは菩薩。菩薩は笑ったり怒っていたりと、いろいろな表情をしている
蓮華のつぼみと開いた花
つぼみは仏の心を持っているが悟りを開いていない状態。開いた花は清らかな仏の心を表す。同じ瓶に入っているのはどちらも同じであるということ
右手に錫杖《しゃくじょう》を持っている観音様も
不老不死の甘《かん》露《ろ》水《すい》が入った水瓶《すいびょう》
蓮台
蓮の花の形

15

千手観音像

せんじゅかんのん

千の手と千の目を持ち、私たちみんなを救ってくれる

正式には、千手千眼観自在《せんじゅせんげんかんじざい》（観世音）菩薩といいます。観音菩薩が、衆生《しゅじょう》をあまねく救済するため、千の手と目を持ちたいと願って変身した変化観音です。その姿は、観音の慈悲と救済が限りなく広大なことを表しています。千眼千臂観《せんげんせんぴ》世音菩薩とも呼びます。

千手観音の像は、通常、合掌している二本の手を除いて四十手あり、それぞれが衆生の輪廻《りんね》する二十五有の世界を救うとされています。

京都の三十三間堂として知られ、平安時代、後白河法皇が創建した蓮華王院《れんげおういん》本堂に安置されている一千一体の千手観音像が有名です。

見方のPoint

千の手の持ち物に注目！宝塔など、何をお持ちなのかをじっくり観察してみよう！

この仏像を安置する代表的な寺

滋賀・比叡山延暦寺
滋賀・千光寺

一口知識

本当に千本？

座禅の時の手の組み方と同じ

実際に千本の手を持っている千手観音像は少ないのです。多くは真手《しんしゅ》二本で脇手が40の像がほとんどです。確かに千の手をつけるのは大変そうですね。じっくり何本の手の仏様か観察してみてはいかが。十二支の子《ね》年の守護本尊でもあります。

仏像見聞録

国宝 名　称：「三十三間堂」**千手観音坐像**
重文 名　称：「三十三間堂 **千体千手観音立像**」
寺院名：蓮華王院
所在地：京都市東山区三十三間堂廻町657

一千一体がそれぞれ33に化身するため、「三十三間堂の仏の数は三万三千三十三体」といわれることがあります。

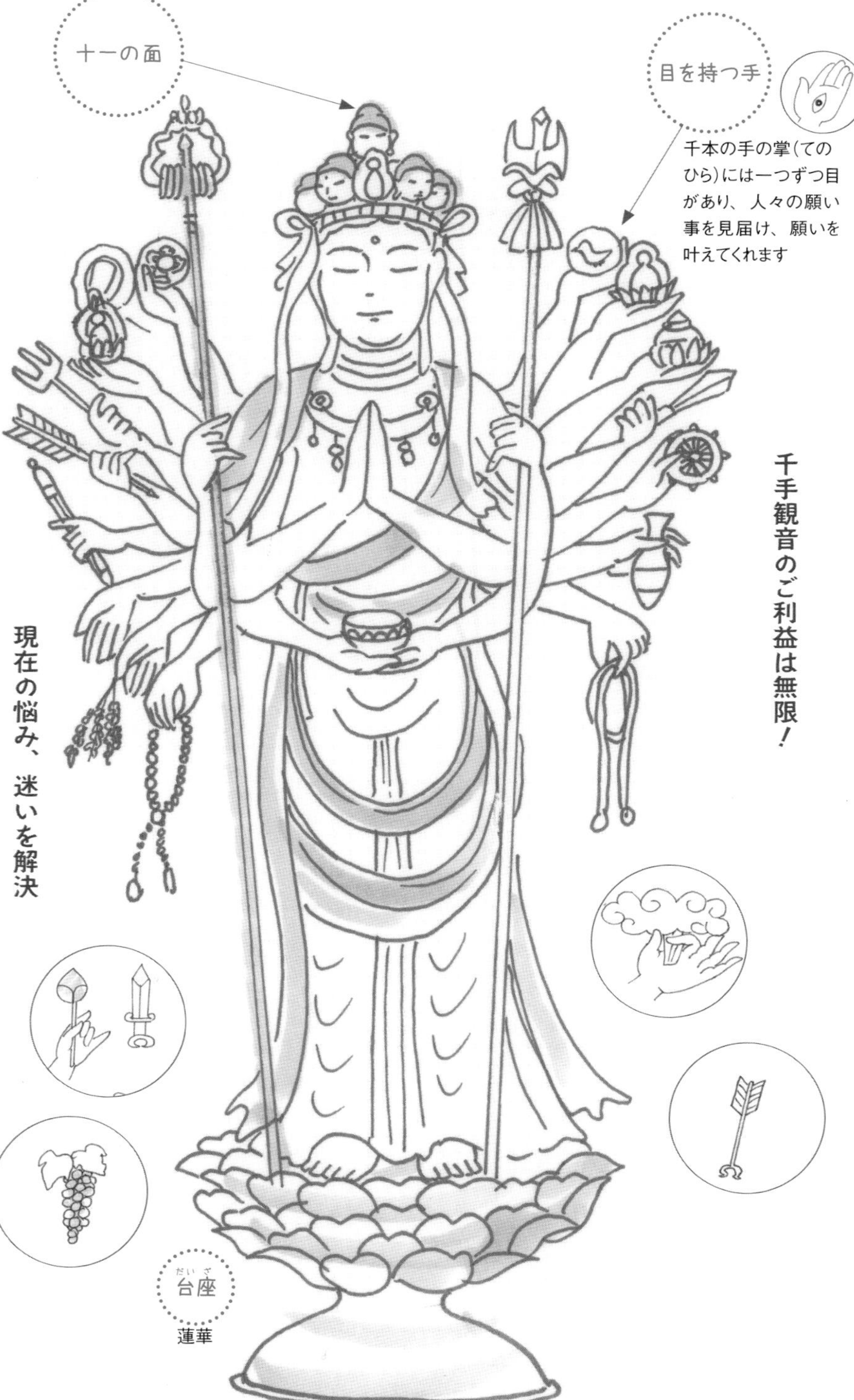
十一の面
目を持つ手
千本の手の掌（てのひら）には一つずつ目があり、人々の願い事を見届け、願いを叶えてくれます
千手観音のご利益は無限！
現在の悩み、迷いを解決
台座《だいざ》
蓮華

16 不空羂索観音像

ふくうけんじゃくかんのん

手に持った綱で悩み苦しむ人々を救済

「ふくうけんさく」とも読みます。不空とは「誓いや願いは空《むな》しくないこと」を意味しています。羂索《けんさく》は、本来は鳥獣を捕る「わな」ですが、観音や不動が手に持つと、人々を救済するための綱になります。

不空羂索観音の功徳《くどく》は広大で、帰依《きえ》すれば、現世で病や水難、火難を避けるなど二十種、さらに臨終の際に八種の利益《りやく》を得ることができるとされています。

像は、額《ひたい》に第三の目があり、八本の腕を持った一面三眼八臂《はっぴ》のものが多く、手には羂索以外に蓮華や錫杖《しゃくじょう》を持ち、宝冠を戴いています。奈良の東大寺法華堂（三月堂）の不空羂索観音像は天平美術の傑作です。

見方のPoint

東大寺の不空羂索観音の放射状に光を放つように見える光背のデザインは、非常に珍しいので必見です！宝冠に着目してみてください。真珠や水晶等の宝石類がちりばめられています。きらびやかで荘厳な観音様です。

一口知識

悪を羂索で網打尽！すべての人びとを救う縄を持つ

密教特有の多臂《たひ》の仏様です。すべての人びとを救う縄や網を意味する羂索を持ち、外敵や病気をその羂索で一網打尽に！

この仏像を安置する代表的な寺

奈良・興福寺
京都・広隆寺

仏像見聞録

国宝

名　称：「法華堂（三月堂）」乾漆《かんしつ》 不空羂索観音立像《ふくうけんじゃくかんのんりゅうぞう》
寺院名：東大寺
所在地：奈良県奈良市雑司町４０６

東大寺法華堂・別名「三月堂」は少しわかりにくい場所にあり、隠れた名所。東大寺がつくられた奈良時代の建築様式が残る数少ない建物で国宝です。東大寺は仏様だけでなく建物も魅力的。

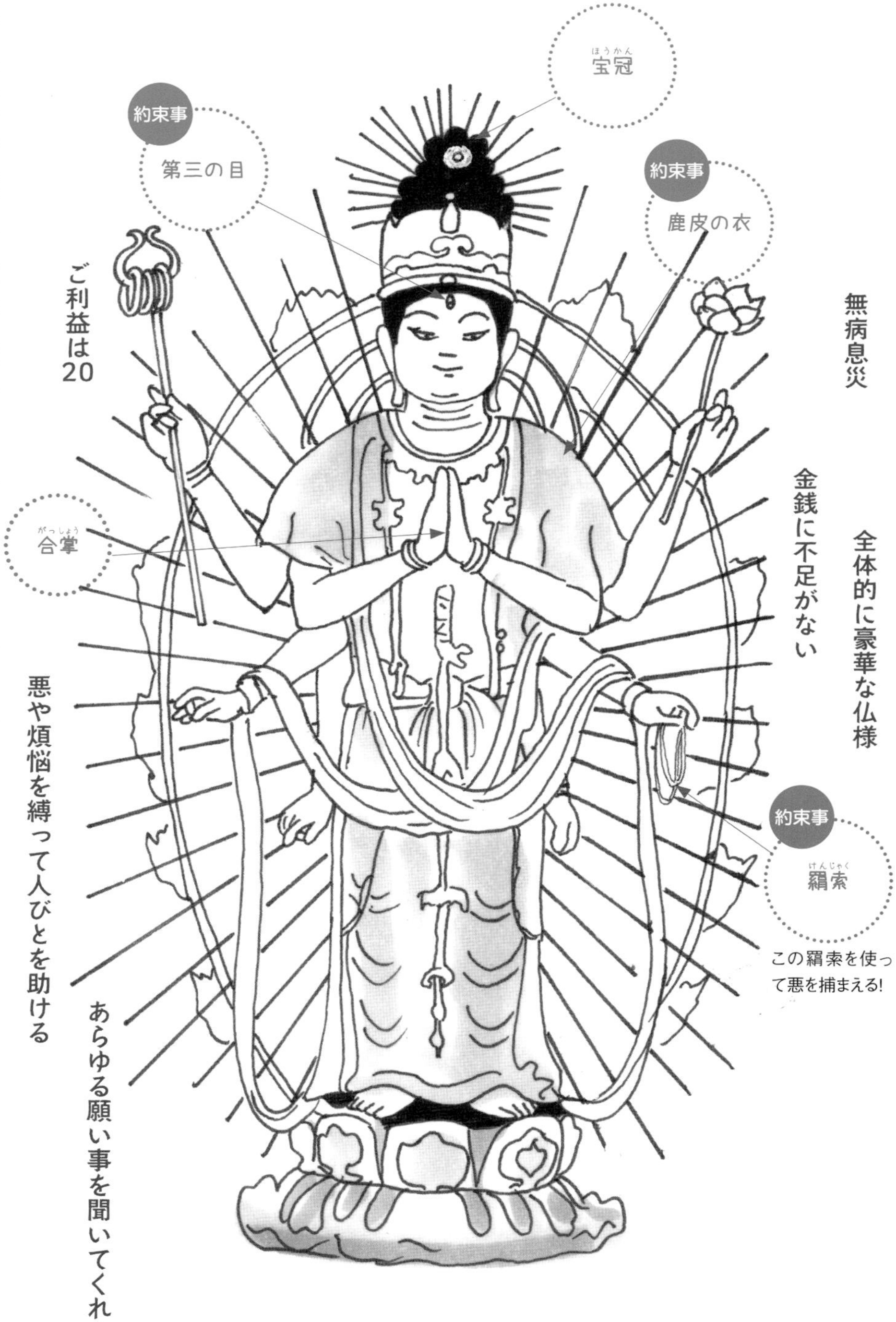
宝冠《ほうかん》
約束事
第三の目
約束事
鹿皮の衣
ご利益は20
無病息災
金銭に不足がない
全体的に豪華な仏様
合掌《がっしょう》
悪や煩悩を縛って人びとを助ける
約束事
羂索《けんじゃく》
この羂索を使って悪を捕まえる!
あらゆる願い事を聞いてくれる

17 にょいりんかんのん

如意輪観音像

どのような願いもかなえてくれる宝珠《ほうじゅ》を持つ福徳の観音

如意宝珠と法輪《ほうりん》を手に持っている観音です。財産や福徳を増し、罪障《ざいしょう》を消滅させる功徳《くどく》を持つと信じられています。如意宝珠は、思いどおりに宝を出し、あらゆる願いをかなえてくれる不思議な珠《たま》で、仏の功徳が限りないことを象徴しています。その球を持っている如意輪観音は、人々の一切の願いを成就させることができるのです。法輪は煩悩《ぼんのう》を打ち砕き、釈迦牟尼の教えが世の中に伝わっていくことを車輪や古代インドの武器にたとえたもので、仏の象徴です。

如意輪観音の像は、六臂《ろっぴ》で右ひざを立てて座り、頬に手をあてた思惟《しい》の姿をしたものが多いです。

見方のPoint

六臂の手の一つひとつの形がきれいで、法輪を上手に指の先に立てています。どうなっているか見ものですね。

この仏像を安置する代表的な寺

滋賀・園城寺（三井寺）
京都・醍醐寺
奈良・国立博物館

一口知識

如意宝珠と法輪で祈願成就
いろいろな財産をあたえてくれる

宝珠と法輪が持物《じぶつ》です。宝珠によって無限の財を与えてくれます。この無限の財産は金銀財宝のことだけでなく、福徳知恵、すなわち世の中を見通す力なども財産として考えられています。女性的なお姿の仏様が多く、優しいお顔立ちで、心安らぐ仏様です。

仏像見聞録

国宝

名　称：**木造如意輪観音坐像**
寺院名：室生寺
所在地：和歌山県宇陀市室生78

観心寺《かんしんじ》（大阪府河内長野市）・神呪寺《かんのうじ》（兵庫県西宮市）の如意輪観音とともに日本三如意輪観音の一つと称されています。

宝冠《ほうかん》をかぶっている場合も
美しく結い上げた髪型
天冠台《てんかんだい》
頭にかぶる輪のこと
如意宝珠《にょいほうじゅ》
あらゆる願いを叶える珠
法輪《ほうりん》
P14参照
倫王座《りんのうざ》
右足は膝を立てて左脚と足裏を合わせた形
台座《だいざ》
蓮華

18

じぞうぼさつ

地蔵菩薩像

「お地蔵さま」として慕われ 行脚《あんぎゃ》する僧の姿をした菩薩

地蔵菩薩は「お地蔵さま」として民衆に親しまれ、慕われてきた菩薩です。寺の堂内だけでなく、路傍にも石の子安《こやす》地蔵や六地蔵が立っているほど、津々浦々で人々の生活に溶け込んでいます。

地蔵菩薩は、釈迦牟尼の入滅《にゅうめつ》から弥勒菩薩が世に現われるまでの五十六億七千万年の間、六道《ろくどう》にいる衆生の苦を取り除き、福を与えることを願いとして行動しています。民間信仰では、特に子供の成長を見守ってくれる存在として尊崇されてきました。

地蔵菩薩像は、頭を剃り、左手に宝珠、右手に錫杖《しゃくじょう》を持っています。これは諸国をめぐって修行する僧侶の姿です。

見方のPoint

お地蔵さまは修行中の僧侶の姿で全国行脚中です。そのため、立っている像がほとんどです

この仏像を安置する代表的な寺

滋賀・聖衆来迎寺
滋賀・永昌寺

一口知識

とっても身近な菩薩様
街の辻々でまつられています

地獄で苦しむ民を救ってくれます。錫杖を手にどこにでもお出かけになります。縛り地蔵、笠地蔵、子安地蔵、化粧地蔵、目洗い地蔵、塩地蔵、とげぬき地蔵など、身近にたくさんのお地蔵さまが信仰されています。いろいろな顔のお地蔵さんは、人々の生活を支えてくださる存在なのです。

仏像見聞録

国宝

名　称：**木造地蔵菩薩立像**
寺院名：法隆寺大宝蔵院
所在地：奈良県生駒郡斑鳩町法隆寺山内1-1

お地蔵様といえばあまりにも身近で石仏のイメージがあります。法隆寺の国宝である地蔵菩薩立像はカヤの木の一木造です。像の高さ172㎝で、平安時代の作品。

民衆の身近でいろいろな身に変わられて願掛け

かわいらしい児童のようなお地蔵さまも

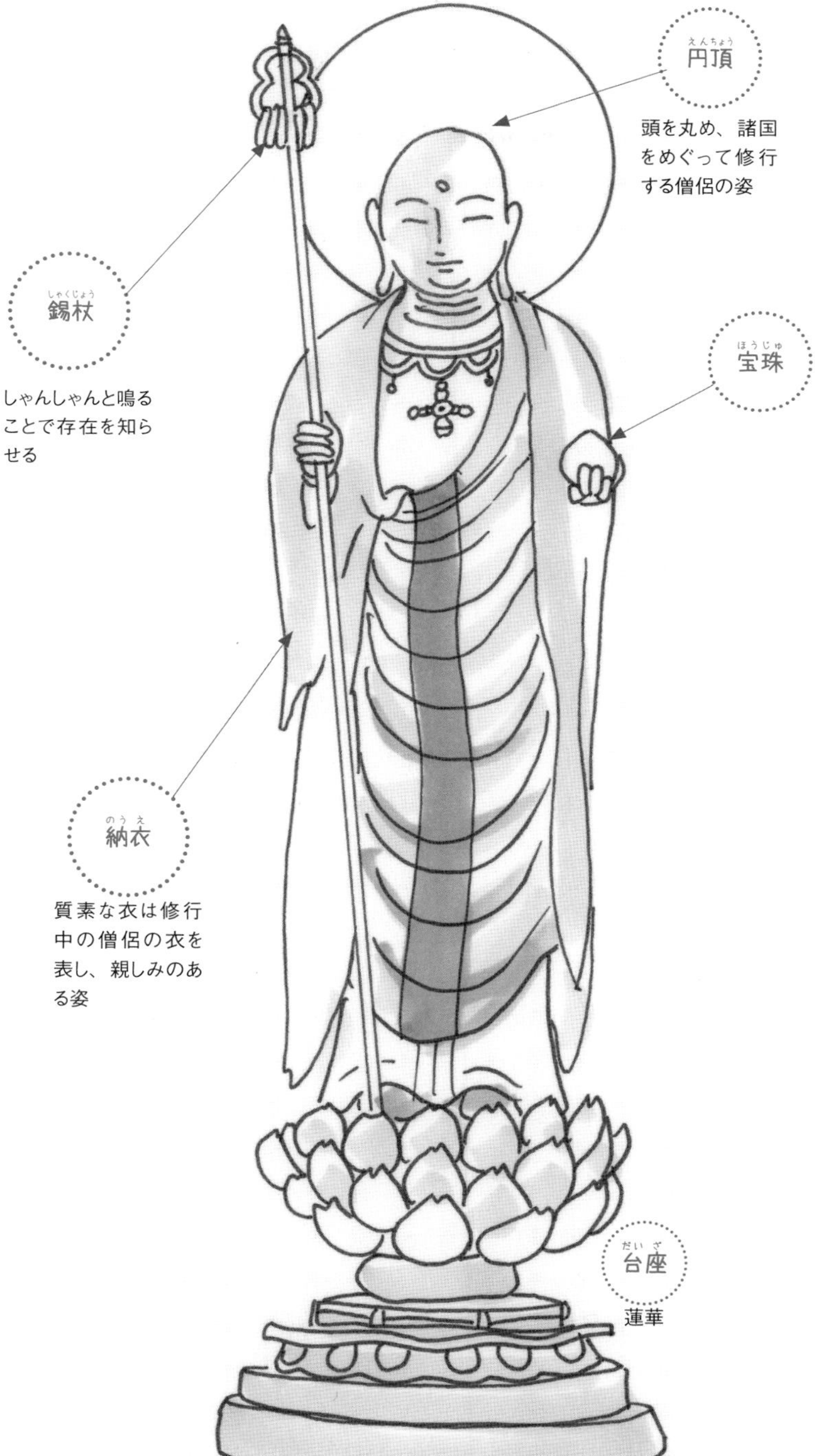
円頂《えんちょう》
頭を丸め、諸国をめぐって修行する僧侶の姿
錫杖《しゃくじょう》
しゃんしゃんと鳴ることで存在を知らせる
宝珠《ほうじゅ》
納衣《のうえ》
質素な衣は修行中の僧侶の衣を表し、親しみのある姿
台座《だいざ》
蓮華

19

じゅんでいかんのん

准胝観音像

弘法大師《こうぼうだいし》もまつった「清浄《しょうじょう》」を意味する尊名の観音

六観音の一つで、除災、除病、延命、子授け、安産などの願いをかなえるといいます。

准胝という言葉は、梵語「チュンディー」の音写で、「清浄」を意味します。准胝観音は別の呼び名を七《しち》倶胝仏母《ぐていぶつも》、准胝仏母といい、宗派によっては観音ではなく、仏母だとしています。胎《たい》蔵界曼荼羅《ぞうかいまんだら》では、諸仏を生み出す仏が集う遍知院にその姿が描かれています。

単独の彫像は少なく、六観音の一体としてつくられるものがほとんどです。姿は一面三眼十八臂《さんげんじゅうはっぴ》で表されます。高野山金剛峯《こんごうぶ》寺《じ》の准胝観音は、空海が得度《とくど》の儀式を行う本尊として造立したと伝えられています。

見方のPoint

「千手観音」と間違いそうな手の多さです。そして、第三の目と呼ばれる目を持っています。

仏像見聞録

国宝

名　称：「**醍醐寺**」
准胝観世音菩薩

寺院名：真言宗醍醐派総本山 醍醐寺

所在地：京都府京都市伏見区醍醐東大路町22

西国三十三観霊場の札所でもある本尊「准胝観世音菩薩」の開帳は毎年5月18日を中心とした1週間行われます。

一口知識

六道とは？

死後に生まれ変わるのはどの世界？

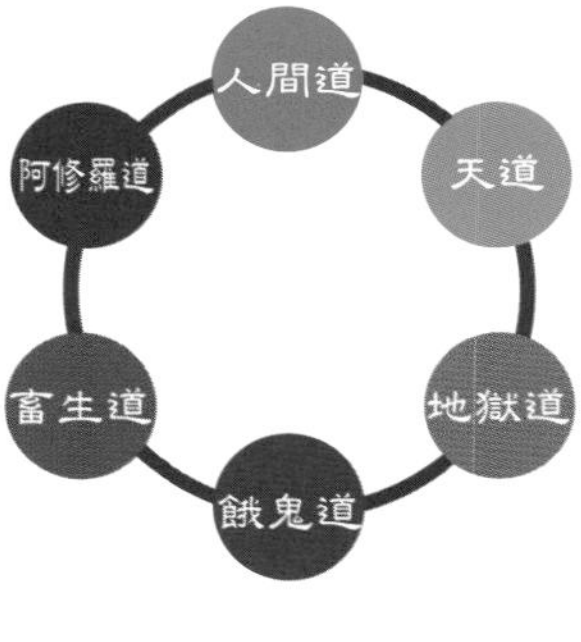

この仏像を安置する代表的な寺

京都・醍醐寺

千手観音と
間違えない
でね！
第三の目
特徴は
十八本
の腕

20

ばとうかんのん

馬頭観音像

観音には珍しい忿《ふん》怒《ぬ》の形相

頭上に馬の頭を戴き、忿怒の相をした観音菩薩です。馬頭明王《みょうおう》という呼び方もあります。観音は慈悲《じひ》を本願としていますが、馬頭観音だけは、頭髪を逆立て、牙をむき、もの凄い怒りの表情をしています。しかし、その忿怒の相は、魔《ま》障《しょう》や煩悩《ぼんのう》を消滅させ、衆生《しゅじょう》を苦しみから救うための方便《ほうべん》だとされています。

馬が農耕や運送の主要な手段であった江戸時代には、馬の保護尊として、民間で広く信仰されたため、今日でも路傍に馬頭観音の石像をよく見かけます。馬の頭と忿怒の相は共通していますが、姿は一面二臂《にひ》、三面二臂、三面六臂《ろっぴ》、三面八臂《はっぴ》などさまざまです。

見方のPoint

馬を供養する仏としても信仰されます。競馬場の近くにもまつられ、レース中に亡くなった馬を供養していることがあります。動物守護の観音様でもあり、ペットが亡くなったとき、馬頭観世音菩薩をお参りするのも一案です。

この仏像を安置する代表的な寺

東京・浅草寺駒形堂

栃木・輪王寺三仏堂

一口知識

交通安全の祈願も 未来はどんな守りになるかな?

天馬が自由に駆けめぐるように、馬は自在に走り回り、障害を乗り越えていく様子を象徴しています。したがって、時代が進むにつれ、交通安全や農耕、馬の守りなどとされていきました。

仏像見聞録

重文

名　称：**馬頭観音立像**

寺院名：観世音寺

所在地：福岡県太宰府市観世音寺五丁目6番1

太宰府天満宮が有名な太宰府市ですが、『源氏物語』にも登場する観世音寺は馬頭観音立像、大黒天立像など多くの重要文化財の仏像を見ることができます。

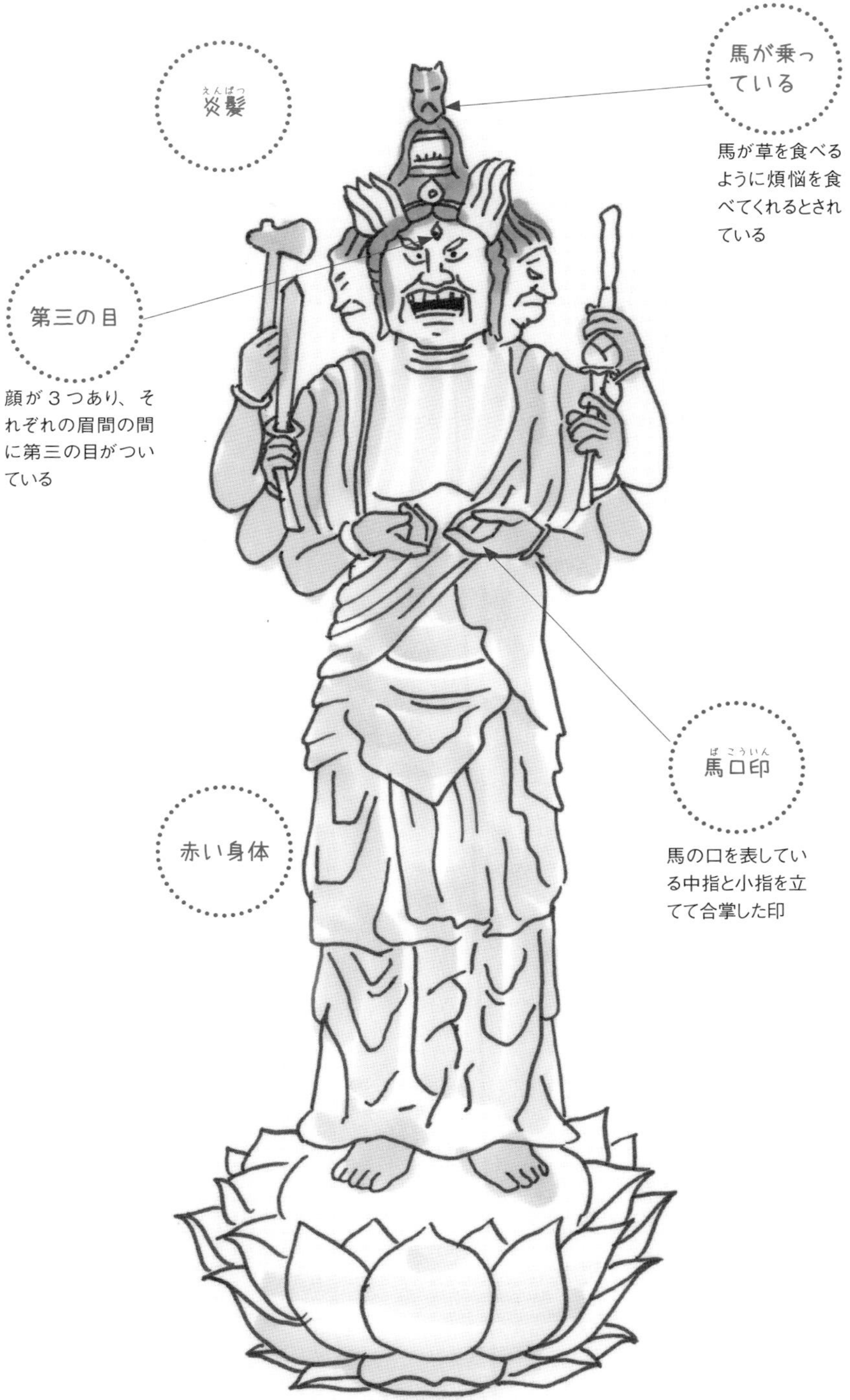
炎髪《えんぱつ》
馬が乗っている
馬が草を食べるように煩悩を食べてくれるとされている
第三の目
顔が３つあり、それぞれの眉間の間に第三の目がついている
馬口印《ばこういん》
馬の口を表している中指と小指を立てて合掌した印
赤い身体

21 三十三観音
さんじゅうさんかんのん

白衣《びゃくえ》観音《かんのん》、魚籃《ぎょらん》観音など三十三の多彩な観音菩薩

『法華経』の観世音菩薩普門品《ふもんぼん》（観音経）によると、観音菩薩は衆生《しゅじょう》を救うため、場合に応じて、仏、比丘《びく》、比丘尼《びくに》、長者など三十三種の姿に変身します。三十三観音は、その三十三身にちなんで、楊柳《ようりゅう》観音、白衣《びゃくえ》観音、魚籃《ぎょらん》観音など、三十三の観音をまとめたものです。

柳の枝を手に持つ楊柳観音は病をいやし、魚籠《びく》を手に持つ魚籃観音は悪鬼の害から守ってくれるといいます。白衣観音は女性的で優しい姿をしており、彫像や画題として人気があります。巨像として知られる群馬県高崎市の観音山の大観音像や神奈川県鎌倉市の大船観音寺の胸像は、白衣観音です。

明王像の見かた

明王はヒンドゥー教の神々をルーツとしています。明王の「明」とは、真実の世界をもたらす言葉のことで、絶大なパワーを持っているという意味から、明王と呼ばれるようになりました。明王の特徴は炎を背にして、ちょっと怖い顔と猛々しい姿です。修行の邪魔をする魔物や煩悩を炎で焼き払います。そして、仏教にいまだ帰依していない人々をなんとしてでも仏の救いの道に導こうという強い意思を現しています。

みょうおう

明王とは

忿怒《ふんぬ》の相でまつられる諸尊

暗愚を破り、魔から守る

明王は、密教の教主である大日如来の命によって、魔障《ましょう》を降伏させ、仏法を守護する諸尊です。

明王の明は、愚かな考えや行を正すための智恵を司る光明であり、明呪《みょうじゅ》のことです。密教では真理を表す言葉を意味する梵語・マントラを訳して、真言、明呪、密呪《みつじゅ》、陀羅尼《だらに》などと呼びます。ですから、明王とは、真理を表す言葉である真言のなかで最も優れているもの、すなわち「真言の王者」です。

明王の諸尊は魔を退散させるだけでなく、真言を広く行き渡らせ、いまだ仏に従っていない民衆を力づくでも仏に帰依《きえ》させる役目を担っています。そのため、不動明王や降三世《ごうざんぜ》明王のように、激しく燃える炎を背に、武器を手に持ち、「忿怒の相」と形容される憤り怒った顔をしているのです。

五大明王を安置する五大堂

明王の諸尊を一組にして、五大明王と呼びます。五大明王は、不動明王、降三世明王、軍荼利《ぐんだり》明王、大威徳《だいいとく》明王、金剛夜叉《こんごうやしゃ》明王です。台密《たいみつ》（天台宗の伝える密教）では、金剛夜叉《こんごうやしゃ》明王の代りに烏枢沙摩《うすさま》明王を加えます。

五大堂は、五大明王を本尊として安置するために建てた仏堂です。不動明王を中央に、ほかの四尊を四方に配置したものと、不動明王の左右に二尊ずつ配したものがあります。有名な宮城県松島の瑞巌寺《ずいがんじ》の五大堂は、中央に不動明王、東に降三世明王、南に軍荼利明王、西に大威徳明王、北に金剛夜叉明王をまつっています。

八大菩薩の変現、八大明王

八大明王は、八方の守護を司る八尊の明王で、五大明王に、烏枢沙摩明王、無能勝《むのうしょう》明王、馬頭明王の三尊を加えます。また、八大菩薩が変現したものとして、降三世明王（金剛手菩薩《こんごうしゅぼさつ》）、大威徳明王（妙吉祥《みょうきっしょう》菩薩）、大笑明王（虚空蔵《こくうぞう》菩薩）、大輪明王（慈氏《じし》菩薩）、馬頭明王（観自在菩薩）、無能勝明王（地蔵菩薩）、不動明王（除蓋障《じょがいしょう》菩薩）、歩擲《ぶちゃく》明王（普賢《ふげん》菩薩）の八尊とする説もあります。

不動明王像

恐ろしい怒りの表情 降魔《ごうま》、厄除《やくよ》けの仏

真言密教の本尊、大日如来が、魔を降伏《ごうぶく》させ、煩悩《ぼんのう》を断ち切り、衆生《しゅじょう》を守るため、忿怒《ふんぬ》の相で現われた姿です。右手に降魔の剣、左手に羂索《けんさく》（綱）を持ち、火焔《かえん》の光背《こうはい》に包まれ、尊名のとおり何があっても動揺することなく、不動の姿勢を保っています。

不動明王の顔には、片目を半開きにする（または左目を閉じ、右目を開く）、右下の牙を上唇から出し、左上の牙を下唇から出す（または両方の牙を上下どちらかに出す）などの特徴があります。恐ろしい容貌にもかかわらず、民衆に「お不動さん」と呼ばれて親しまれ、厄除けや心願成就の仏として人気があります。

見方のPoint

ちょっと怖い口元ですが、よく見ると牙が上向きと下向きに交互になっています。そして、片目が半眼だったりします。
また、胸元に飾りをつけている像もあり、菩薩とは違い、蛇やドクロなどの不気味なものをつけています。

この仏像を安置する代表的な寺
千葉・成田山新勝寺
滋賀・延暦寺
奈良・長谷寺

一口知識

不動明王を囲む五大明王
五大明王の堂内の位置関係

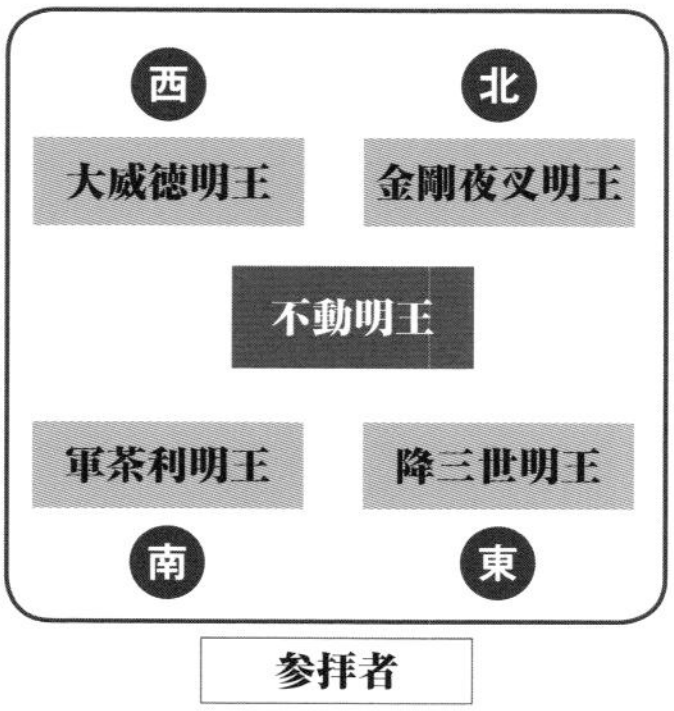

十二支の酉《とり》年の守護本尊でもあります。

仏像見聞録

名　称：**木造不動明王**（重文）
寺院名：高幡山金剛寺
所在地：東京都日野市高幡733

重要文化財の木造不動明王像には、二童子像は矜羯羅童子《こんがらどうじ》像、制托迦童子《せいたかどうじ》像が立つ。

火焔《かえん》
燃えさかる炎の光背を背負っています。煩悩を焼くといわれています
怒髪天《どはつてん》
怒りで天をつくかのように逆立った髪型
忿怒面《ふんぬめん》
両目をかっと見開いている像や右目が天を、左目が地をにらんでいるいる像があります。どんなことでも見逃さずににらんでいる眼です
条帛《じょうはく》
身につけている布

23

ごうざんぜみょうおう

降三世明王像

ヒンドゥー教の神々を踏む強力な明王

梵語の尊名をトライロークヤビジャヤ（三界の勝利者）といい、欲界《よくかい》、色界《しきかい》、無色界の三界を降伏《ごうぶく》させるところから「降三世」と呼ばれています。過去、現在、未来の三世や、貪瞋痴《とんじんち》（貪欲、怒りや恨み、愚かさ）の三毒を降伏させるともいいます。

降三世明王の像は、三面八臂《はっぴ》、または四面八臂が多く、第一手は、胸の前で、降三世印と呼ぶ独特な印を結んでいます。そして、足で、大自在天《だいじざいてん》（ヒンドゥー教のシバ神）と、その妃の烏摩《うま》（ヒンドゥー教の女神パールバティー）を踏みつけています。これは、仏教に従わない神々を降伏させたことを意味します。

見方のPoint

降三世印を結んだ手以外の六本の手にはすべて武器を持っています。三叉戟、弓、羂索、矢、宝剣、金剛鈴などをです。

この仏像を安置する代表的な寺

京都・東寺

一口知識

五大明王の一尊 東の方向を守っています

阿閦如来《あしゅくにょらい》が怒りの姿に化身した明王です。五大明王の一人で、悪徳をねじ伏せる力強い呪力を持っています。悪人抹殺。仏界の仕置き人的立場の明王です。

仏像見聞録

国宝

名　称：**降三世明王立像《りゅうぞう》**

寺院名：東寺《とうじ》（教王護国寺）

所在地：京都市南区九条町１番地

東寺の五大明王は大日如来を中心にした五智如来をお守りしています。「立体曼荼羅」と呼ばれています。

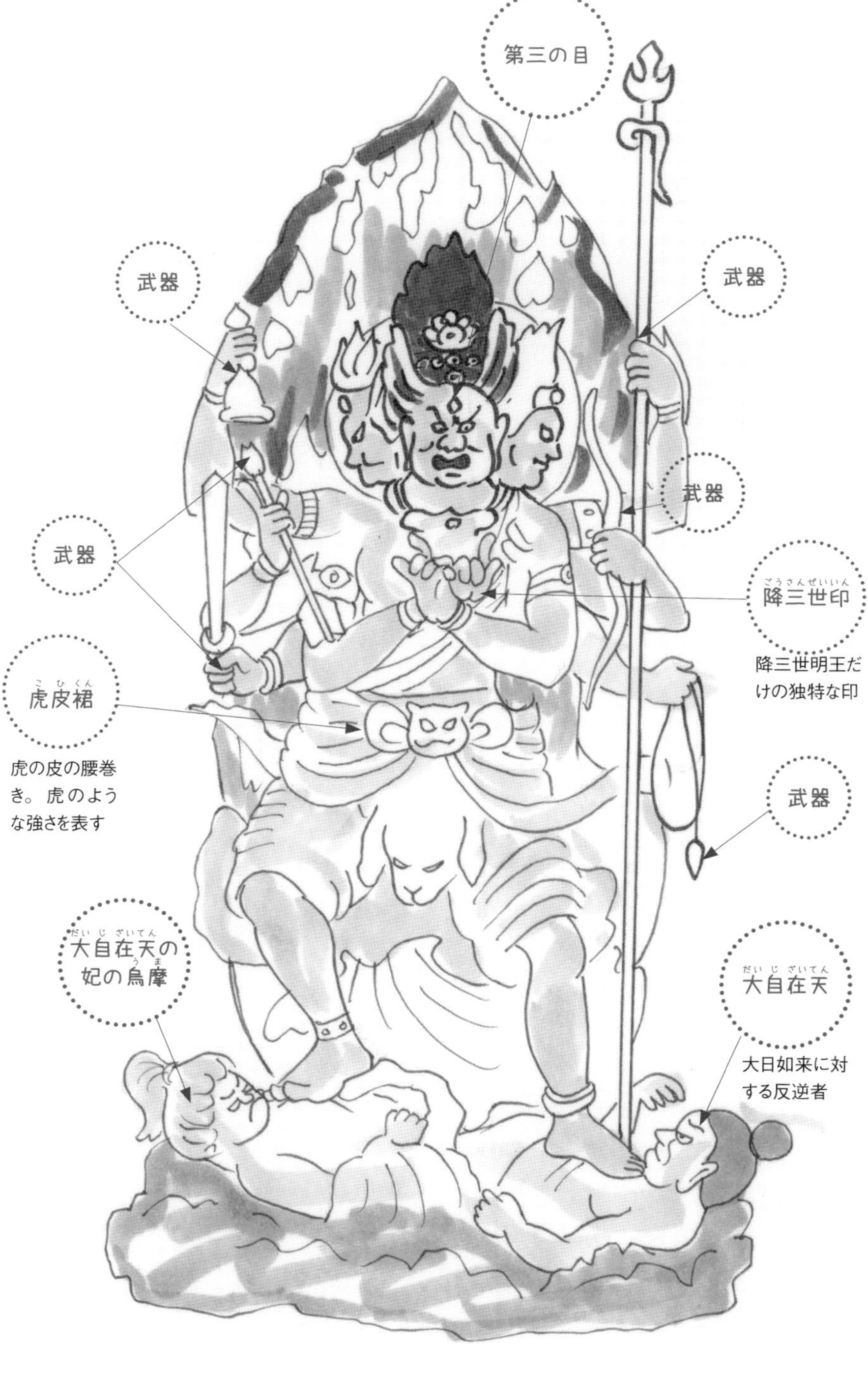
第三の目
武器
武器
武器
武器
降三世印《ごうさんぜいいん》
降三世明王だけの独特な印
虎皮裙《こひくん》
虎の皮の腰巻き。虎のような強さを表す
武器
大自在天《だいじざいてん》の妃の烏摩《うま》
大自在天《だいじざいてん》
大日如来に対する反逆者

ぐんだりみょうおう

軍荼利明王像

体中に蛇をからませて見えない災厄までも取り除く

軍荼利は、梵語クンダリの音写で、「不老不死の霊薬である甘《かん》露《ろ》の入った水瓶」、または「とぐろを巻く蛇」を意味するといいます。そのため、甘露軍荼利とも呼びます。宝生《ほうしょう》如来の化身でもあります。

軍荼利明王の像の特徴は、腕、手首、胸、足首など、体のあちこちに、装飾として蛇を巻き付けていることです。一面三眼八臂の姿で、怒りの相を表し、悪鬼を屈服させ、目に見えないものを含め、すべての障害を取り除くことができるとされています。第一手は胸の前で交差させ、人差し指、中指、薬指の三本を伸ばし、大瞋印《だいしんいん》と呼ぶ特殊な印を結んでいます。

見方のPoint

蛇は何匹？たくさんの蛇を身につけています。生命が強いとも、最近は金運にご利益ありともされている蛇。苦手でも数えてみましょう。

仏像見聞録

重文

名　称：**五大明王・軍荼利明王**
寺院名：真言宗大覚寺派大本山大覚寺
所在地：京都府京都市右京区嵯峨大沢町4

五大明王とは不動明王《ふどうみょうおう》を中心に、東に降三世明王《ごうざんぜみょうおう》、南に軍荼利明王《ぐんだりみょうおう》、西に大威徳明王《だいいとくみょうおう》、北に金剛夜叉明王《こんごうやしゃみょうおう》を配する五体の明王のことです。

この仏像を安置する代表的な寺

京都・大覚寺

一口知識

四つの煩悩を意味する蛇

蛇は執念深い生き物の象徴

四つの煩悩とは、
①我を持ち、迷うこと。
②自我によってものを見ること。
③我を持ち、傲り高ぶること。
④自我に執着すること。
軍荼利明主はこれを退治する役割を担っています。

第三の目
蛇
三鈷《さんこ》の印
蛇
大瞋印《だいしんいん》
三鈷の印を胸の前で交差させた印。または跋折《ばさ》羅印《らいん》ともいう
蛇
台座《だいざ》
踏割蓮華座《ふみわりれんげざ》

25

だいいとくみょうおう

大威徳明王像

六本の足で水牛に乗る
戦勝祈願、怨敵《おんてき》調伏《ちょうぶく》の明王

忿怒《ふんぬ》の表情を浮かべ、さまざまな武器を手にし、髑髏《どくろ》の首飾りをつけた恐ろしい姿をしています。古くから、怨敵調伏、戦勝祈願の明王として信仰されてきました。文殊菩薩の化身ともいわれています。

大威徳明王の像の最大の特徴は、足が六本あることで、六足尊《ろくそくそん》とも呼ばれます。顔と手も六つあり、六面六臂《ろっぴ》六足の姿です。額《ひたい》には第三の目があります。印を結んでいる以外の手には、戟《げき》、剣、宝棒《ほうぼう》、索《さく》、弓、箭《や》などを持ち、水牛にまたがっています。

信州の厄除け観音として知られる松本市の牛伏寺《ごふくじ》に、平安時代造立の騎牛像《きぎゅうぞう》が伝わっています。

見方のPoint

水牛にまたがっているのが最大の特徴です。六本の手は布施《ふせ》、持戒《じかい》、忍辱《にんにく》、精進、禅定《ぜんじょう》、智恵の六波羅蜜《ろくはらみつ》（迷いの世界から悟りの世界へ至る修行）を行い、守ることを誓っています。六本の足は六つの通《つう》力《りき》を成就することを意味しているといいます。水牛の形はいろいろで、片足をたてて今にも立ち上がろうとしている水牛もいます。

仏像見聞録

国宝

名　称：**大威徳明王像**

寺院名：石馬寺《いしばじ》

所在地：滋賀県東近江市五個荘石馬寺町823

石馬寺の像は、水牛が右足を曲げて立とうとしている姿が特徴です。

一口知識

一切降伏
絶対的に悪を倒す強い力

五大明王のひとりで西方を守護しています。その名の通り威厳と仁徳があり、毒蛇や悪竜を打ち倒すとされています。阿弥陀如来の智恵《ちえ》を守り、その妨げとなるものを退治する役割を担っています。戦勝祈願の対象として崇敬されてきました。

ここの仏像を安置する代表的な寺

京都・東寺

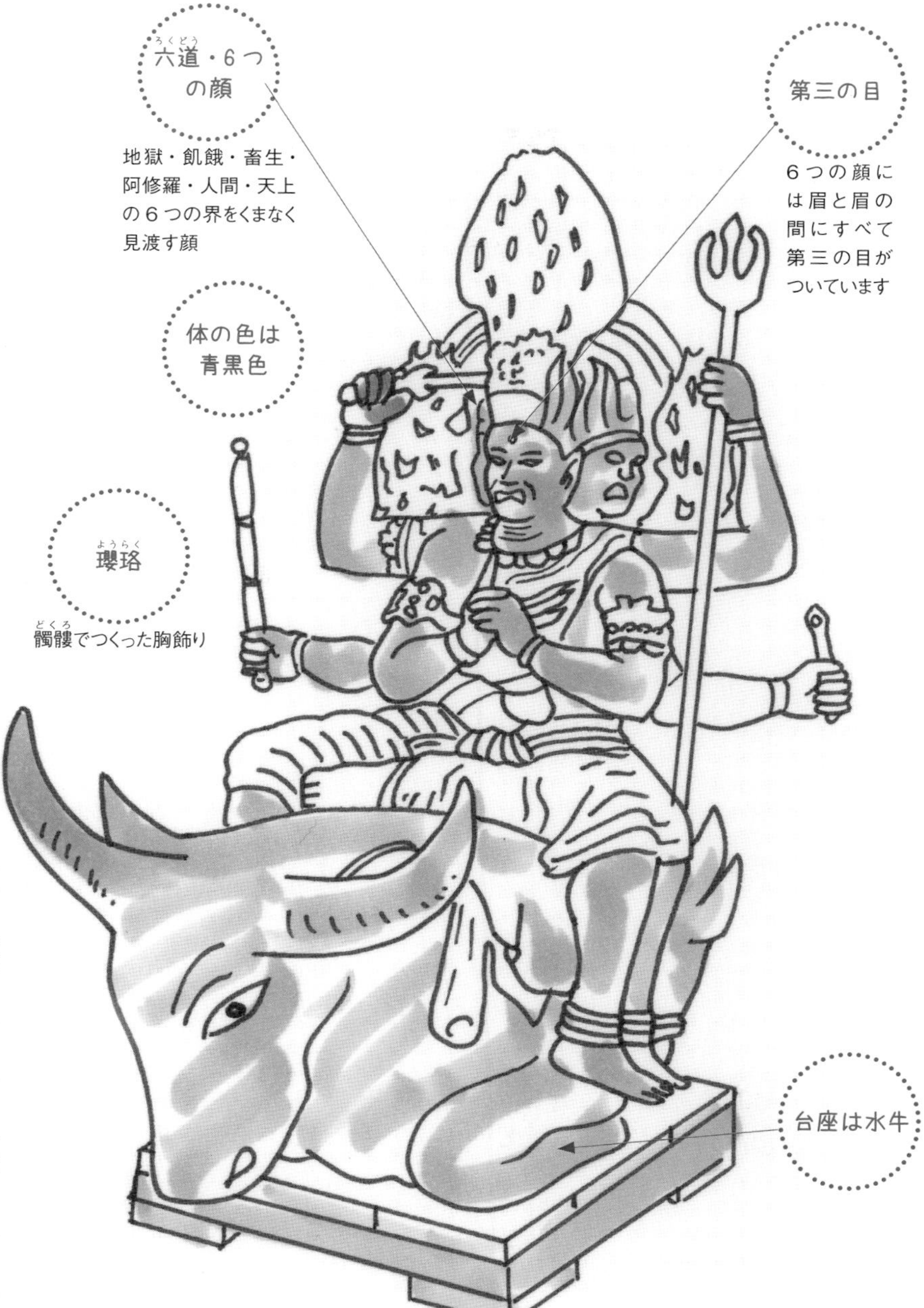
六道《ろくどう》・６つの顔
地獄・飢餓・畜生・阿修羅・人間・天上の６つの界をくまなく見渡す顔
第三の目
６つの顔には眉と眉の間にすべて第三の目がついています
体の色は青黒色
瓔珞《ようらく》
髑髏《どくろ》でつくった胸飾り
台座は水牛

水牛に乗っているから水陸どこでも参上！

26

こんごうやしゃみょうおう

金剛夜叉明王像

煩悩《ぼんのう》を砕く金剛杵《こんごうしょ》を手に 悪を退治してくれる

梵語の尊名・バジュラヤクシャを訳して金剛夜叉といいます。一切の悪を降伏《ごうぶく》させるといい、息災《そくさい》祈願の明王として信仰されます。バジュラは古代インドの武器ですが、仏教に法具として取り入れられ、煩悩を打ち砕き、菩提心を起こさせる金剛杵《こんごうしょ》になりました。両端が一本のものを独鈷《とっこ》杵、三叉のものを三《さん》鈷《こ》杵、五叉のものを五鈷杵と呼びます。

金剛夜叉明王は、三面六臂《ろっぴ》の姿をしています。顔は忿怒《ふんぬ》の相で、正面の顔に眼が五つあります。右手に五鈷杵、箭《や》、剣を持ち、左手に五鈷鈴《ごこれい》（五鈷杵の一方の端が鈴になっている法具）、弓、法輪を持っています。

見方のPoint

金剛夜叉明王は五大明王の一体としてつくられ、単独でつくられることはなかったようです。五体そろった明王を見比べてみるのも一考です。それぞれの特徴が一目で分かるのも五大明王のみどころです。

この仏像を安置する代表的な寺
京都・東寺

一口知識

五大明王の一尊

仏教に帰依して善神になりました

人を食べる凶暴な鬼神と恐れられていましたが、仏教に帰依してからは悪人を食べて善人を守る善神になりました。金剛とはダイヤモンドのように堅く、何ものにも破壊されることのない仏の智恵を象徴しています。

仏像見聞録

重文

名称：**五大明王・金剛夜叉明王立像**
寺院名：大覚寺《だいかくじ》
所在地：京都市右京区嵯峨大沢町4

嵯峨御所とも呼ばれる大覚寺の本尊は、五大明王。現在、本堂の五大堂にまつられている五大明王像は、昭和の作。平安時代の仏師明円の五大明王像は、霊宝館に安置されている。

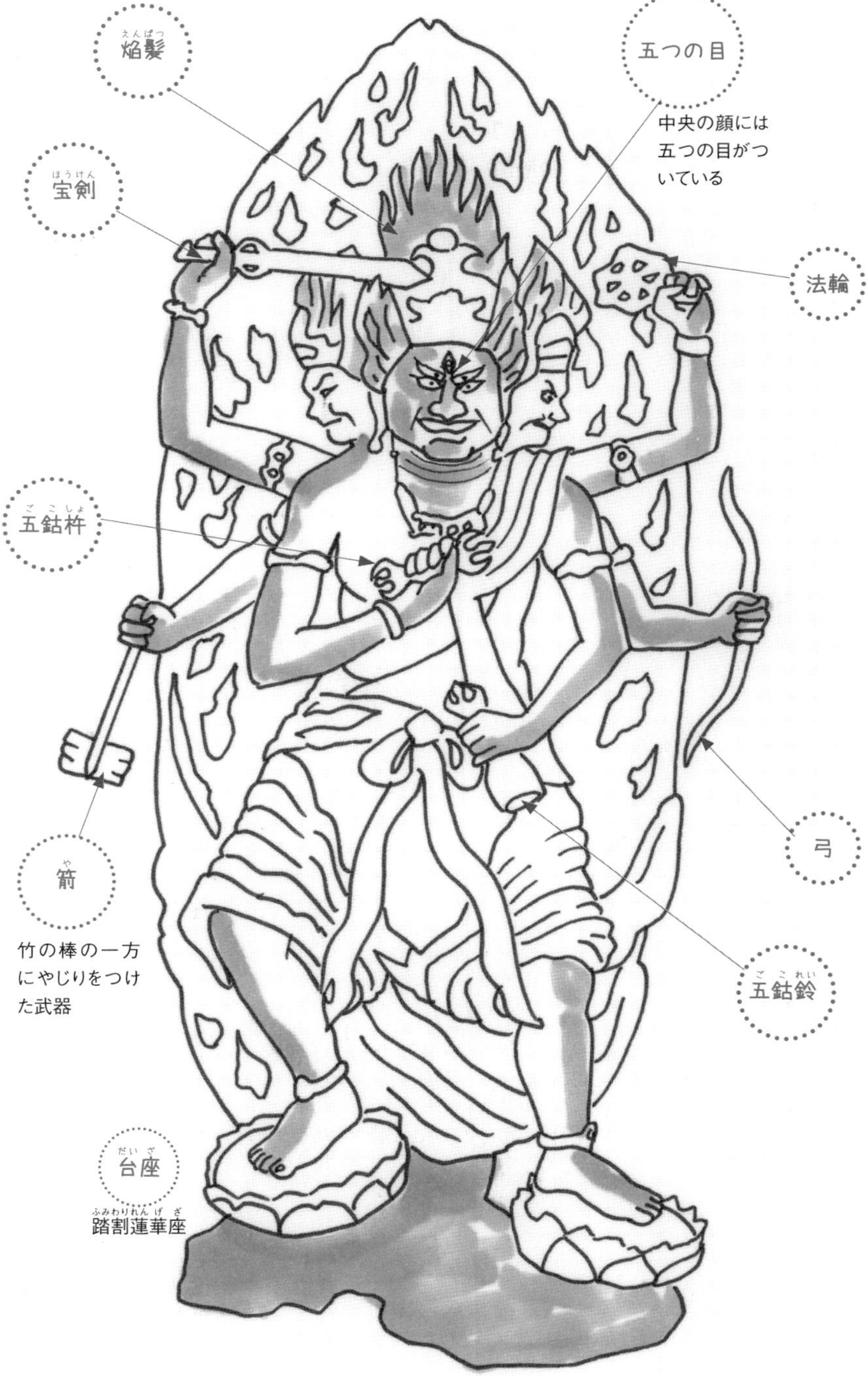
焔髪《えんぱつ》
五つの目
中央の顔には
五つの目がつ
いている
宝剣《ほうけん》
法輪
五鈷杵《ごこしょ》
箭《や》
竹の棒の一方
にやじりをつけ
た武器
弓
五鈷鈴《ごこれい》
台座《だいざ》
踏割蓮華座《ふみわりれんげざ》

27

あいぜんみょうおう

愛染明王像

煩悩《ぼんのう》すなわち菩提《ぼだい》を説き、恋愛、美貌、商売を守護する

尊名は、梵語名ラーガラージャ（愛欲の王）の意訳です。真言密教の明王で、悟りの妨げになるように思われている愛欲、欲望、執着なども、実は仏の持つ慈悲深い心に通じるものであることを人々に教え、菩提に導いてくれる仏です。

像は、一面六臂《ろっぴ》が多く、体は赤く、額《ひたい》に第三の目を持ち、忿怒《ふんぬ》の相をしています。頭上には獅子の冠を戴き、手に五鈷《ごこ》杵《しょ》、五鈷鈴《ごこれい》、弓、箭《や》、蓮華を持っています。

日本に伝わった当初は息災、延命、福寿の霊験が著しい明王とされていました。のちに、恋愛、縁結び、美貌、商売繁盛の仏として信仰が盛んになりました。

見方のPoint

愛染明王の赤い体は太陽のような慈悲を持っているという意味もあります。

この仏像を安置する代表的な寺

奈良・東大寺俊乗堂
京都・神護寺

一口知識

愛欲を悟りに変える愛の神様

六本の手の一つ、拳をつくった左の第三手には、われわれが求めるものを何でもつかむという意味が込められています。台座は蓮華座ですが、その下には宝瓶のようなものがあり、この宝瓶が人々の愛情を守るともいわれています。立像はつくられず、座像のみです。

仏像見聞録

重文

名　称：「三井寺《みいでら》」愛染明王坐像
寺院名：長等山園城寺《ながらさんおんじょうじ》
所在地：滋賀県大津市園城寺町246

西国観音霊場の札所でもある三井寺《みいでら》の観音堂に安置されています。寄木造で体は細身。衣文の彫りは浅く穏やかに表現されています。

第三の目

獅子冠《ししかん》

勇猛な獅子頭は愛染明王の特徴の一つ。勇猛果敢で何事にも屈しない強さを表している

体の色は赤色

強い愛欲を表している赤色の体。愛欲を悟りへと導く

六臂《ろっぴ》

地獄、餓鬼、畜生、阿修羅、人、天の六道（P64参照）のどの世界の人でも救うために6 本の手を持っている

28

くじゃくみょうおう

孔雀明王像

美しく優しい姿で現れ、毒や災いから守ってくれる

インドに生息するクジャクを神格化した仏です。もともとは梵語でマハーマーユーリービドヤーラージニー（偉大な孔雀の妃）という女神で、摩訶摩瑜利《まかまゆり》や孔雀仏母《ぶつも》とも呼びます。クジャクが崇められた理由は、美しい姿をしていながら、人々が恐れる猛毒の蛇を食い殺してくれるためです。孔雀明王は、蛇の毒をはじめ一切の毒や災いを排除してくれると信じられています。

孔雀明王の像の最大の特徴は、尾を光背のように広げたクジャクの背に乗っていることです。明王は慈愛相と呼ぶ穏やかな表情をして、手には武器ではなく、吉祥果《きちじょうか》や孔雀尾を持っています。

見方のPoint

女性の明王です。白い絹の衣をまとい、宝冠をかぶって、瓔珞《ようらく》、耳輪、腕輪などさまざまな装身具を身につけて、おしゃれです。光背は孔雀が尾羽を広げたような形のもの、羽を並べたようなものなど美しいデザインです。

この仏像を安置する代表的な寺

京都・広隆寺

奈良・中宮寺

一口知識

恵みの雨を期待 雨乞いの神様としても信仰

クジャクは雨を呼ぶ吉の鳥とされていました。明王の中ではただ一尊だけ怒りの顔つきではなく、穏やかな菩薩形《ぼさつぎょう》で、女性像らしく丸みを帯びた体につくられています。

仏像見聞録

国宝

名　称：**孔雀明王**

寺院名：正暦寺《しょうりゃくじ》

所在地：奈良県奈良市菩提山町１５７

正暦寺の本尊の薬師如来倚像は台座に腰を掛け、足を踏み割り蓮華に乗せた一風変わった姿です。特別公開時のみ御開帳する秘仏で一見の価値があります。

雨乞いのおまじない

オン　マユラキランデイ　ソワカ

29

たいげんすいみょうおう

大元帥明王像

怒りの姿と秘法で敵を打ち、国家を鎮護する

太元帥明王とも記します。帥の字を省いて、大元明王や太元明王とも書きます。古代インドの鬼神でしたが、仏教に取り入れられて、明王になりました。

日本には平安時代に伝わって以降、国家鎮護、敵国降伏の「大元帥法《たいげんのほう》（通例、帥の字は読みません）」の本尊として、宮中で祈られていました。大元帥法は、平《たいらの》将門《まさかど》の乱の鎮定でも霊験があったとされています。一切の悪を排除し、衆生《しゅじょう》を守るともいいます。

火焔光背を背に、忿怒《ふんぬ》の形相きわまった恐ろしい姿をしており、一面六臂《ろっぴ》、四面八《はっ》臂《ぴ》、六面八臂などの像が伝えられています。

見方のPoint

怖い顔が特徴。高僧が井戸水に浮かんだ大元帥明王の姿を見て気絶したというほどの恐ろしさ。実際、どこまでその怖さに耐えられるでしょうか。

仏像見聞録

重文

名　称：**木造大元帥明王立像**
寺院名：秋篠寺《あきしのでら》
所在地：奈良県奈良市秋篠町757

宮中だけの本尊として重んじられ、一般には仏像をつくったりまつったりすることも禁じられていました。そのため、この秋篠寺だけにしか仏像は存在しないともいわれていました。一般の拝観が可能なのは6月6日だけです。

一口知識

恐ろしい姿を映した水

大元帥法に使う霊水

秋篠寺に大元帥御修法を伝えた常暁律師が、寺の近くの泉の中に尊像の姿を見て、のちに唐へ渡った時にその尊像が大元帥明王だったことに気づいたという言い伝えが残されています。「大元帥尊像 御出影霊泉」と呼び、6月6日の大元帥明王像の開帳に合わせて、霊水がふるまわれます。

この仏像を安置する代表的な寺

京都・広隆寺
奈良・中宮寺

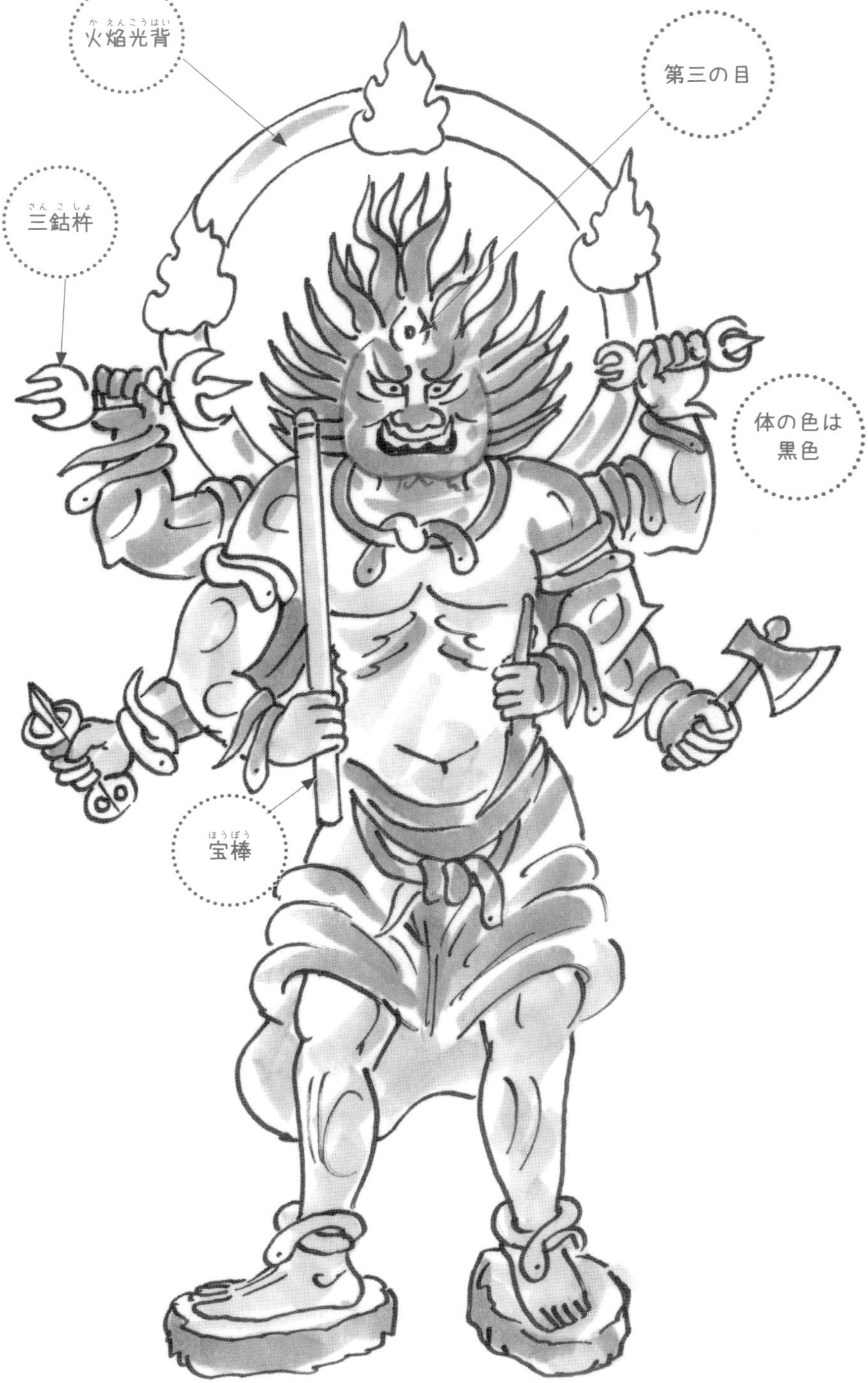
火焔光背《かえんこうはい》
第三の目
三鈷杵《さんこしょ》
体の色は
黒色
宝棒《ほうぼう》

30

烏枢沙摩明王像

うすさまみょうおう

不浄なものを払い清める功徳を持つ

尊名は、梵語名ウッシュマの音写で、烏芻沙摩明王とも書き、「うすしゃま」とも読みます。また、穢《え》積《しゃく》金《こん》剛《ごう》、不浄金剛ともいいます。烏枢沙摩明王は、古代インドでは、火の神だったとされ、火《か》頭《とう》金剛の別名も持っています。火が穢れを焼き払い清浄にするところから、神格化されたものと考えられます。

不浄や障害を払う効験を持ち、出産や安産も祈願されてきました。そのため、寺の手洗いなど不浄とされる場所に守護神としてまつられていることもあります。

像は、二《に》臂《ひ》、四臂などさまざまですが、いずれも火焔を背に忿怒の相をしています。

天の像の見かた

天上界の神々（天人）「天界」に住んでいるのが天部です。まだ悟りを開いていないため、厳密には仏ではありませんが、仏教の教えを守る神になり、守護する役目を担うことで、お寺に祀られるようになりました。天部は釈迦の教えでは説かれていません。もともとインドの古代神話に登場する神々でしたが、仏法に帰依したことで仏の法を守護する神に変化したとされています。天上界は、楽しく美しい世界ですが、まだ「迷いの世界」なのです。

天《てん》とは

天上界に住む神々

仏法を守護し、現世利益《げんぜりやく》をもたらす

天は、梵天《ぼんてん》、帝釈天《たいしゃくてん》、毘沙門天《びしゃもんてん》など天上界の神々（天人）の総称です。もとはインドの古代神話に登場する神々でしたが、仏教に取り入れられて、仏法を守る神になりました。

如来《にょらい》、菩薩《ぼさつ》、明王《みょうおう》とは異なる尊格として天は位置づけられています。天は仏ではありませんが、人の力を超越した存在です。そのため、持国天《じこくてん》（東方）、増長天《ぞうじょうてん》（南方）、広目天《こうもくてん》（西方）、多《た》聞天《もんてん》（北方）からなる四天王《してんのう》のように、護法のための方位の神として、あるいは、大黒天《だいこくてん》や弁才天《べんざいてん》のように、人間の生活に福徳をもたらす現世利益の神として信仰されてきました。

「天部《てんぶ》の像」という表現があるように、天を天部とも呼ぶのは、天人の住む世界の名称も天であり、混同を避けるためです。

人間界の上にある天上界

天は、六道《ろくどう》（地獄道、餓鬼《がき》道、畜生《ちくしょう》道、阿修羅《あしゅら》道、人間道、天道）、または、十界（地獄界、餓鬼界、畜生界、阿修羅界、人間界、天上界、声聞《しょうもん》界、縁覚《えんがく》界、菩薩界、仏界）の一つで、人間道と人間界の上に位置しています。

天上界は、楽しく美しい世界で、天人とも呼ぶ神々が住んでいるといいます。しかし、「悟りの世界」は声聞界から上の四界であり、天上界はまだ「迷いの世界」です。

初禅天《しょぜんてん》の梵天、忉利天《とうりてん》の帝釈天

仏教には、衆生が生死輪廻《しょうじりんね》する世界を欲界《よくかい》、色界《しきかい》、無色界の三界に分ける考え方もあります。

三界の世界観では、欲界の上部の六欲天《ろくよくてん》（四王天《しおうてん》、忉利天《とうりてん》、夜摩天《やまてん》、兜率天《とそつてん》、楽変化天《らくへんげてん》、他化自在天《たけじざいてん》）と、色界の四禅天《しぜんてん》を細分した十七天（十八天ともいいます）、無色界の四天が天上界になります。例えば、諸天の最高位といわれる梵天は、色界の四禅天の最初の段階である初禅天の主にすぎません。梵天と並び称される仏法の守護神の帝釈天は、欲界の忉利天に住んでいます。持国天、増長天、広目天、多聞天の四天王は、欲界の四王天（四天王天）に住んで、帝釈天に仕えています。

31

梵天像

ぼんてん

仏教を護持《ごじ》する神になった古代インドの最高神

古代インドのバラモン教は、宇宙の根本原理をブラフマン（梵）と呼んで神格化しました。それがヒンドゥー教の神ブラフマーになり、仏教では仏法を守護する梵天になりました。梵はブラフマンを意味し、サンスクリット語は梵天がつくったという伝承から梵語といいます。

梵天は天部の主神ですが、単独でまつられていることはまずありません。通常、帝釈天と対になり、如来像や観音菩薩像の脇侍《きょうじ》として安置されています。元来はインドの神ですが、人間の姿をして、中国の唐の時代の貴人の服をまとっている像が多いです。一羽ないし四羽のガチョウの背に乗っているものもあります。

見方のPoint

梵天は中国風のゆったりとした衣装を身につけ、払子《ほっす》や羽扇《うせん》などの持物を持っています。ガチョウの台座がかわいいのですが、持ち物にも注目。

この仏像を安置する代表的な寺
京都・東寺

一口知識

釈迦を諭した梵天
人々を導く決意を固めた釈迦

釈迦は悟った内容を人々に教えようかどうしようかと迷っていました。というのは、釈迦の悟りの内容はあまりにも難解なものだったので、凡人にはとうてい理解できないと考えたからです。梵天は釈迦がその偉大な悟りの内容を人々に伝え、教え導かなければ世界は滅んでしまうだろうと思い、教えを説いてくれるように根気よく説得しました。

仏像見聞録

国宝
名　称：「三月堂」**梵天・帝釈天立像**
寺院名：東大寺法華堂《とうだいじほっけどう》（三月堂）
所在地：奈良県奈良市雑司町406-1

国宝
名　称：**梵天・帝釈天立像**
寺院名：唐招提寺《とうしょうだいじ》
所在地：奈良県奈良市五条町13-46

世界を見渡し、仏教を守護しています

鉾《ほこ》
化仏《けぶつ》
蓮華《れんげ》
清らかな仏の
真理を表す
払子《ほっす》
煩悩を払う
与願印《よがんいん》
願いを実現し
てくれる
ガチョウが
支える台座《だいざ》
蓮華の台
に結跏趺坐《けっかふざ》
座っています
ガチョウは
7羽のとき
もある

32

たいしゃくてん

帝釈天像

仏教世界の中心、須弥山《しゅみせん》の城に住み、仏教を守護

インド神話で、天空、雷、戦の神であるインドラが、仏法の守護神になったものです。

仏教の世界観では、世界の中心に須弥山《しゅみせん》という高い山がそびえています。帝釈天は、その須弥山の頂上の忉利天《とうりてん》の主で、喜見城《きけんじょう》という城に住んでいます。民の善行を喜び、悪行をこらしめるといいます。

帝釈天の像は、甲冑《かっちゅう》を着て、金剛杵《こんごうしょ》などを手に持ち、白象の背に乗っているものもあれば、中国風の服装で立っているものもあります。如来や菩薩の三尊像の脇侍《きょうじ》として安置されているものは、梵天像と区別がつかないほど似ていることがあります。

見方のPoint

帝釈天の手は2本で、他の仏像のような多臂《たひ》のものは見当たりません。手には武器を携えています。戦いの神らしく鎧《よろい》を着ています。

この仏像を安置する代表的な寺

奈良・法隆寺
奈良・秋篠寺
京都・三十三間堂

一口知識

立身出世を助ける神
帝釈天は宮殿にお住まい

帝釈天は須弥山の頂上の城主で四天王や他の侍者をつかい、人間の世界の様子をさぐり、不正や悪事を監視しているという。

仏像見聞録

国宝

名　称：帝釈天
寺院名：経栄山題経寺《きょうえいざんだいきょうじ》
所在地：東京都葛飾区柴又7-10-3

映画「寅さん」でおなじみの柴又帝釈天は題経寺の通称です。彩色されていない一見地味に見える帝釈堂は、細部の精巧な装飾彫刻がすばらしく、圧倒されます。

悪神とされた阿修羅と永きにわたり戦った神

鎧《よろい》に包まれている
武将なので衣の下に甲冑を着ている
妻は阿修羅の娘
台座は白像

柴又の「帝釈天」は、夏目漱石を始め、多くの文芸作品に登場し、東京の名所として扱われたよ。

33

してんのう

四天王像

須弥山《しゅみせん》の中腹の四王天《しおうてん》にいて四方を守る神々

須弥山《しゅみせん》の中腹にある四王天《しおうてん》で、仏法を守護している四体の神を四天王といいます。すなわち、東方の持国天《じこくてん》、南方の増長天《ぞうじょうてん》、西方の広目天《こうもくてん》、北方の多聞天《たもんてん》（毘沙門天《びしゃもんてん》）です。

日本では、仏教が伝来すると、早くから信仰されてきました。大阪の四天王寺は、聖徳太子が四天王像をまつるために創建したと伝えられています。

四天王像は、仏堂内部の須弥壇《しゅみだん》の四方に安置され、甲冑《かっちゅう》を着けた武将の姿が多いです。邪鬼《じゃき》を踏んでいることもあります。

臣下や弟子の中で、あるいは何かの部門で優れた四人を選んで「四天王」と呼ぶのは、仏教の四天王に由来しています。

見方のPoint

四天王像に踏みつけられている邪鬼の表情にも注目。

この仏像を安置する代表的な寺
大阪・四天王寺

一口知識

須弥壇の四方にいる守護神
配置される守護神

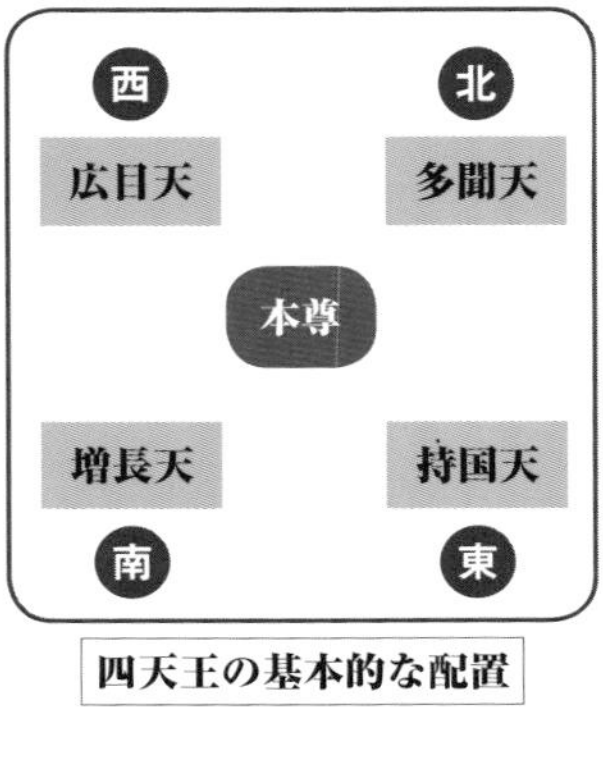

四天王の基本的な配置

仏像見聞録

国宝

名　称：「東大寺」**四天王立像**
寺院名：東大寺
所在地：奈良県奈良市雑司町406-1

東大寺には国宝の仏像がたくさん安置されています。この四天王も国宝。奈良時代の塑像の最高傑作です。

三叉戟《さんさげき》
五穀豊穣
増長天《ぞうじょうてん》

国土を守る
持国天《じこくてん》
緑色の顔
宝剣《ほうけん》

宝塔《ほうとう》
仏の説法を聞く
多聞天《たもんてん》

経巻《けいかん》
筆《ふで》
特殊な眼力
広目天《こうもくてん》

34

毘沙門天像

びしゃもんてん

四天王の多聞天《たもんてん》であり、七福神でもある

毘沙門天は、四天王の一神、多聞天《たもんてん》の別称です。梵語名バイシュラバナを音写すると毘沙門になり、意訳すると「多くを聞く」で多聞になります。通常、四天王でまつられるときは多聞天、単独でまつられるときは毘沙門天の名が使われています。

須弥山《しゅみせん》の中腹に住み、仏法の守護神として北方を受け持っています。古代インドの神話では、財宝を守る神でもあったため、財産や幸せをもたらす神になり、日本では「七福神」の一神としても信仰されています。

毘沙門天の像は、甲冑《かっちゅう》を着け、片手に宝塔、片手に古代中国の武器の戟《げき》を持っている姿が多いです。

見方のPoint

毘沙門天を含む四天王は足で邪鬼を踏んでいます。邪鬼は仏の教えと信仰する人びとに害を与える邪悪なものです。一般的に天邪鬼《あまのじゃく》と呼ばれています。ひねくれ者やへそ曲がりなどともいい、人が嫌がることを言ったり、したりする人のことをさします。人間の最大の敵である煩悩でもあります。自分の心や似ている人のことを思い浮かべて邪鬼を見るのも面白いですね。

仏像見聞録

国宝

名　称：毘沙門天

寺院名：鞍馬寺《くらまでら》

所在地：京都府京都市左京区鞍馬本町1074

鞍馬山は牛若丸（源義経）が修行をした地として有名です。

この仏像を安置する代表的な寺

奈良・法隆寺

京都・出雲寺

京都・東寺寺

一口知識

福を授ける神として人気「七福神」の一神としても名高い

仏教世界の北方を守護する多聞天の別名で貧乏神を追い払う力があるとされています。宝石で飾られた城に住んでいます。福徳と戦闘の神で福徳神として信仰を集めています。

毘沙門天は、四天王の一神・多聞天で、単独でまつられるときは毘沙門天と呼ぶ

戟《げき》
宝塔《ほうとう》
帯喰《おびくい》
帯の留め金。
獅子の顔をした
ものが多い
誰かに
似てる？
毘藍婆《びらんば》
邪鬼《じゃき》
毘藍婆はすべてを破壊するという暴風

35

きちじょうてん（きっしょうてん）

吉祥天像

幸運と繁栄をもたらす美貌の女神

吉祥天女《きちじょうてんにょ》とも呼び、「きっしょう」とも発音されます。幸運、富、美をもたらす女神として信仰されています。もとは、古代インド神話やヒンドゥー教の豊穣《ほうじょう》の女神で、ビシュヌ神の妃のラクシュミーですが、仏教に守護神として取り入れられて、毘沙門天の妃になりました。

吉祥天の像は、容姿が美しく、天衣《てんい》をまとい、宝冠を戴き、左手に如意宝珠《にょいほうじゅ》を持っています。同じように美しい女神である、弁才天《べんざいてん》（弁財天）と混同されることがありますが、別の神です。奈良の薬師寺の麻布に描かれた像や、京都の浄瑠《じょうる》璃寺《りじ》の極彩色の衣と装身具を身に着けた木像が有名です。

見方のPoint

鮮やかに彩られた姿が特徴で、貴婦人のような出で立ちです。美女の代名詞として尊敬を集めるのもうなずけます。きらびやかな冠や宝石がちりばめられたネックレスにもうっとり。奈良・平安時代の技法の一つの繧繝彩色《うんげんさいしき》で装飾された京都・浄瑠璃の吉祥天女像は、年３回開帳されています。

この仏像を安置する代表的な寺

奈良・東大寺

京都・浄瑠璃寺

一口知識

妹の黒闇天も一緒に礼拝 嫉妬で意地悪されないように

吉祥天の妹の黒闇天《こくあんてん》は、不幸や災難を司る女神です。容姿端麗な姉とは異なり、容貌は醜く、閻魔王の妃とされています。吉祥天にお参りするときは、嫉妬で意地悪されないよう黒闇天にも除災招福を祈りましょう。

仏像見聞録

国宝

名　称：**吉祥天像**

寺院名：鞍馬寺《くらまでら》

所在地：京都府京都市左京区鞍馬本町1074

鞍馬寺の吉祥天は子どもの善膩師童子《ぜんにしどうじ》とともに毘沙門天三尊立像の脇侍としてまつられています。鞍馬寺はパワースポットとしても人気です。

絢爛豪華な衣服は中国、唐の時代の貴婦人がモデル

遠い昔に善行を行い功徳を積んだ天女

ふっくらとした顔立ち
十世紀の頃の美人の典型!
宝珠《ほうじゅ》
与願印《よがんいん》
願い事をかなえる手

蓮の花を持っている吉祥天も

36

弁才天像《べんざいてん》

学問、技芸、蓄財を願い広く信仰される弁天さま

「弁天さま」と呼ばれ、学芸から福徳まで効験《こうけん》あらたかとして庶民に親しまれている女神です。インドのヒンドゥー教の川を神格化した豊穣《ほうじょう》の女神・サラスバティーが、仏教に取りこまれて、智恵、弁舌、技芸などの神になりました。

弁才天の像は、琵琶《びわ》を弾いていることが多く、美しい音楽を奏でるところから、妙音天《みょうおんてん》や美音天女とも呼びます。

江戸時代には蓄財の神として、「弁財天」とも書くようになりました。仏教の神ですが、市杵島姫命《いちきしまひめのみこと》と習合《しゅうごう》したため、水辺にまつられることが多く、厳島《いつくしま》、江の島、竹生島《ちくぶしま》は、日本三大弁天として有名です。

見方のPoint

弁才天は音楽や学問を司る神ですが、「弁財天」として財宝の神にもなりました。「裸弁財天」として知られる江島神社（神奈川県）の妙音弁財天像は、全裸で琵琶を抱える珍しい姿をしています。

この仏像を安置する代表的な寺

神奈川・江島神社
滋賀・宝厳寺（竹生島）

一口知識

音楽と財福の女神
学問や音楽の才能が花開く

鎌倉時代以降、吉祥天に代わって信仰が広まったのが弁才天で、現在でも多くの人々に親しまれています。。水でお金を洗うと金運がアップするという銭洗弁天は、弁才天の水神としての性格と福神としての性格をミックスした信仰です。

仏像見聞録

国宝

名　称：**弁財天・出世弁財功徳天女**
寺院名：光胤山本光寺
所在地：千葉県市川市大野町3-1695-1

巳の日に「出世弁財功徳天女」の眷属である「白蛇」に願い事をすれば、その願いを弁財天に届けてくれるといわれており、出世・財運に縁起のいい日とされています。

美しい顔立ち
琵琶の代わりに武器を持つことも
弁才天には仏教界を守る守護神としての役割があるため、邪気を追い払う武器を持っていることもある

37

だいこくてん

大黒天像

大国主命《おおくにぬしのみこと》と習合《しゅうごう》して福の神になった戦いの神

大黒天は、ヒンドゥー教のシバ神の化身《けしん》で、戦闘の神であるマハカーラが仏教の守護神になったものです。マハーが「大いなる」、カーラが「黒」を意味するため、大黒と呼ばれます。

もとは、世界を破壊する恐ろしい神だったのですが、日本では「大黒」の読みが「大国」に通じるため、記紀神話の出雲の神、大国主命《おおくにぬしのみこと》と習合《しゅうごう》しました。そのため、武器を手にして戦う神ではなく、大きな袋を背負い、打ち出の小槌《こづち》を持ち、米俵《こめだわら》に乗った福の神として描かれるようになりました。商売繁盛や家の守り神として、恵比寿《えびす》と一緒に台所などにまつる家もあります。

見方のPoint

七福神に加えられたのは中世以降のことです。農耕の神、福徳円満の神として信仰を集めました。めでたい像として、床の間、玄関、台所、商店、会社の事務所などによく置かれています。

この仏像を安置する代表的な寺

東京・浅草寺
大阪・四天王寺
京都・圓徳院

一口知識
童謡で歌われる 神話に登場する大国主命と白兎

隠岐の島からワニの背を跳んで陸に渡ったウサギは、怒ったワニに毛皮をはがされてしまいました。ウサギが泣いていると、通りかかった神々が「海水を浴びて風にあたるとよい」と言いました。その通りにしたウサギは、体の皮が裂け、痛くて泣いていると、大きな袋を担いだ大国主命がやって来て、「真水で体を洗い、蒲の穂を敷いて横たわれば、もとのような肌になる」と教えてくれました。体が治ったウサギは、大国主命に「あなたが八上比売《やがみひめ》を手に入れるでしょう」と言いました。

仏像見聞録

国宝

名称：**大黒天像**
寺院名：天童山大黒寺《だいこくじ》
所在地：大阪府羽曳野市大黒499

大黒寺は曹洞宗の寺院で「大黒天発祥の寺」といわれています。巨大な石像から小さな木像まで、数多くの大黒様が迎えてくれます。本尊の大黒天像は日本最古といわれています。

大黒信仰は芸人たちが諸国を歩き、
大黒舞を踊ったり、
大黒札を配ったりしたので
庶民の間に広まりました

兄に持たされた大きな袋

大国主命の兄は、因幡国の八上比売《やがみひめ》に求婚しましたが、八上比売は大国主命を選んだため、兄は弟をうらんでいました

ご利益の数々

金運良好、資産増加、厨房守護（食べ物に恵まれる）、恋愛成就、夫婦和合、家内安全、家運隆昌、子孫繁栄、福の神のご利益

38

鬼子母神像

きしもじん

人の子を喰う鬼女《きじょ》が改心して、子どもを守る神に

鬼子母神は、子授《こさず》け、安産、子育ての神として信仰されていますが、最初から善神であったわけではありません。梵語名をハーリティー(訶梨帝《かりてい》)といい、訶梨帝母とも呼びます。訶梨帝は、鬼神の槃闍迦《はんじゃか》の妻で、人の子を殺して食べる鬼女《きじょ》でした。人々の訴えを聞いた釈迦は、訶梨帝の末子を隠し、子を失う親の悲しみを実感させ、今後、人の子を殺さないことを誓わせたうえで、訶梨帝に子を返しました。改心した訶梨帝は、子どもを守る善神になったのです。

鬼子母神の像は、天女の姿をして、幼児を抱き、吉祥果《きちじょうか》を手に持っています。

見方のPoint

安産・子育ての神様として女性の信仰を集めています。「恐れ入りました」をしゃれていう江戸っ子の粋な遊びことばでも知られる「鬼子母神」。「恐れ入る」の「入る」を地名の「入谷」にかけ、同地・入谷の鬼子母神につづけています。

一口知識

鬼子母神が手に持つ吉祥果 ザクロと鬼子母神の関係

鬼子母神が手に持っている吉祥果は、魔を取り除き、幸運を得る力があるとされる果物で、ザクロの実で表現されることが多いです。ザクロは、一つの実にたくさん種がつくところから、豊穣や子宝のシンボルでもあります。

この仏像を安置する代表的な寺

東京入谷・真源寺
滋賀・三井寺

仏像見聞録

文化財

名　称：**鬼子母神像**
寺院名：法明寺鬼子母神堂《ほうみょうじきしもじんどう》
所在地：東京都豊島区雑司ヶ谷3-15-202

東京・雑司ヶ谷の鬼子母神像は、美しい衣装で幼児を抱いた菩薩形《ぼさつぎょう》の優しい姿です。10月の御会式大祭《おえしきたいさい》の万灯練りは、秋の風物詩として親しまれています。

中国風の衣装の貴婦人風な美しい姿
子どもは九人いることも
宝冠《ほうかん》
ふっくらとした顔立ち
吉祥果《きちじょうか》はザクロ

39 仁王像

におう

寺の門の左右に安置する筋骨隆々とした一対の神像

金剛力士《こんごうりきし》や執金剛神《しゅうこんごうしん》とも呼ばれる仏法の守護神です。通常、寺院の門の左右に安置している二体の金剛力士像を「仁王」と呼びます。

執金剛神は金剛杵《こんごうしょ》を持ち、甲冑《かっちゅう》を着けた姿をしていますが、寺の門を守る仁王像は上半身が裸で、筋骨隆々《きんこつりゅうりゅう》とした姿態を見せています。二体のうち一体は口を開いた「阿形《あぎょう》」、もう一体は口を閉じた「吽形《うんぎょう》」をしています。二体を金剛と力士、または密迹金剛《みっしゃくこんごう》と那羅延《ならえん》金剛に分ける説もありますが、同じ金剛力士を阿吽にしているともいいます。健脚を願い、仁王に草鞋《わらじ》を奉納する寺や地域もあります。

見方のPoint

仁王は、仏法を守護するため、通常、たくましい体格で憤怒の形相をしています。寺の門の左右に、阿形像と吽形像の二体を一対として安置していることが多いので、左右の像を見比べてみましょう。

この仏像を安置する代表的な寺

山形・立石寺
愛知・観音寺
長野・善光寺
福井・中山寺

一口知識

古代インドの武器 金剛杵を持つ

執金剛神は「金剛杵を持つ神」の意味です。金剛杵は古代インドの武器から仏具になりました。執金剛神や仁王は、金剛杵の威力で仏法を守護しています。

仏像見聞録

国宝

名　称：「東大寺南大門」金剛力士立像
寺院名：東大寺《とうだいじ》
所在地：奈良県奈良市雑司町406-1

運慶、快慶の作として有名な東大寺南大門の金剛力士像は、巨大な彫像ですが、筋肉の盛り上がりや浮き出た血管などが繊細に表現されています。

阿《あ》吽《うん》の相

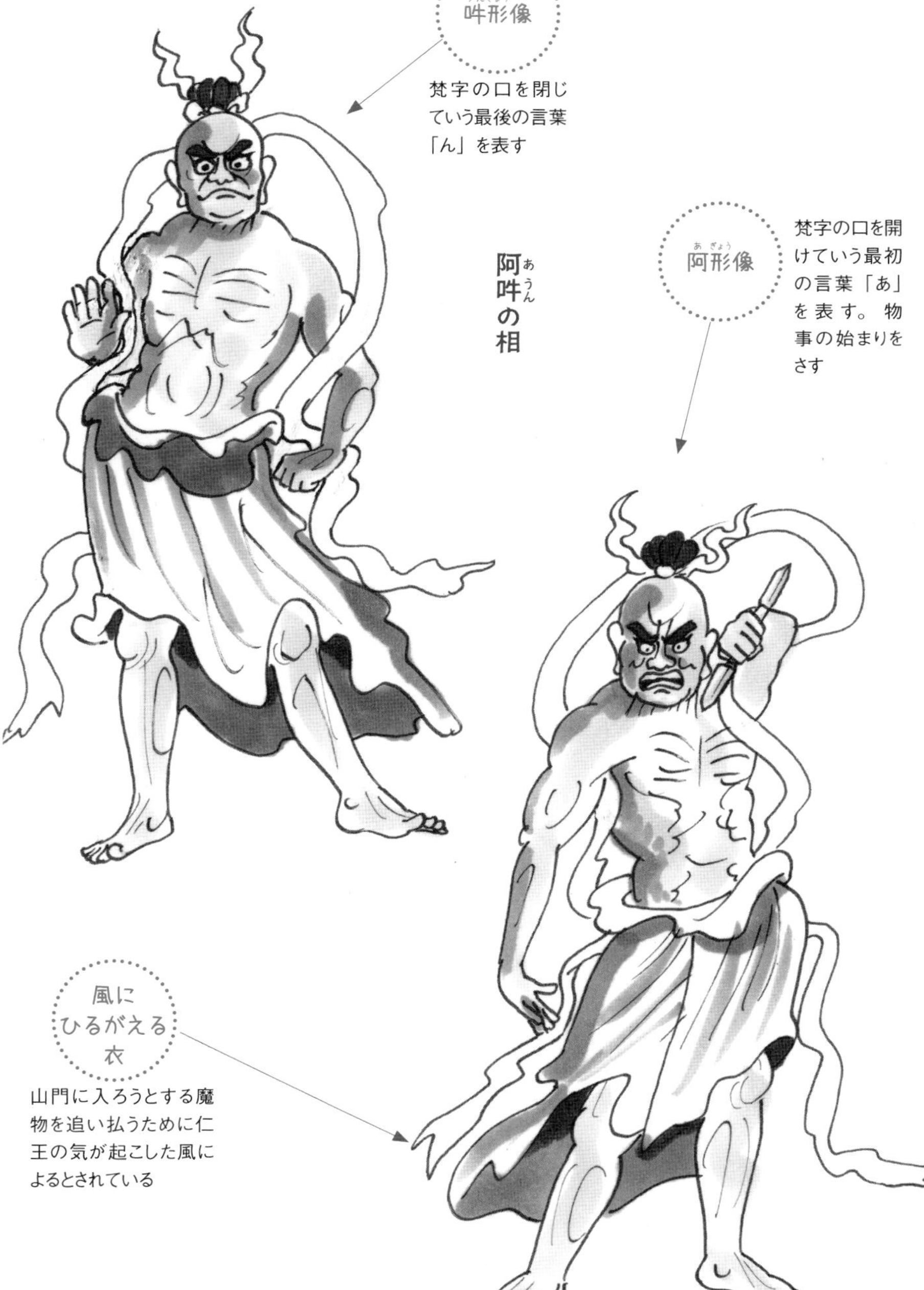
吽形《うんぎょう》像
梵字の口を閉じていう最後の言葉「ん」を表す
阿形《あぎょう》像
梵字の口を開けていう最初の言葉「あ」を表す。物事の始まりをさす
風にひるがえる衣
山門に入ろうとする魔物を追い払うために仁王の気が起こした風によるとされている

40

歓喜天像

かんぎてん

富貴、商売繁盛、子宝など霊験あらたかな象頭人身の神

ヒンドゥー教の神ガネーシャが、仏教に取り入れられて仏法の守護神になったものです。大聖歓喜天《だいしょうかんぎてん》ともいい、略して「聖《しょう》天《でん》」とも呼びます。ガネーシャは、シバ神とパールバティーの子だとされ、頭は象、体は人の姿をした神です。象頭人身の像が多く、単身像と男女が抱き合う双身像があります。

富貴、商売繁盛、繁栄など現世利益《げんぜりやく》に効験《こうけん》あらたかとされるほか、双身像は夫婦和合、子宝に恵まれる神として崇められてきました。聖天をまつる堂は、巾着《きんちゃく》や二股《ふたまた》大根をモチーフにした彫刻などが装飾されていることが多く、双身像はたいてい秘仏になっています。

見方のPoint

東京浅草の「待乳山聖天《まつちやましょうてん》」と大阪と奈良の境の生駒山の「生駒聖天」に、神奈川と静岡の境の足柄山の「足柄聖天」などを加えて、「日本三大聖天」と呼びます。しかし、歓喜天（聖天）は秘仏になっていることが多く、拝観できない像がほとんどです。

この仏像を安置する代表的な寺
東京・本龍院
奈良・宝山寺

一口知識

拝観はできないがご利益のある秘仏

歓喜天などの秘仏は、一般に拝観することができません。しかし、仏像は本来、拝むものであり、拝観できなくても仏の存在を感じ、信じて悟りに近づくことができればいいのではないでしょうか。

仏像見聞録

国宝

名　称：**歓喜天**
寺院名：常光寺《じょうこうじ》
所在地：奈良県奈良市押熊町２１２

有名寺院ではありませんが、年に一度、歓喜天の開帳が行われ、仏像好きの間で知られています。

象頭人身の双身像

41

閻魔像

えんま

地獄の王として生前の罪業《ざいごう》を審判する

閻魔王《えんまおう》とも呼びます。地獄の裁判官で、死者の生前の行いの善悪を裁き、罰を与えます。

もとは、インドの神話に出てくるヤマという神でした。ヤマは人間の最初の死者で、死者の国を司る神になりました。それが仏教に取り入れられ、中国で道教と結びつき、閻魔になって日本に伝わりました。そのため、冠を着け、道服《どうふく》を着て、笏《しゃく》を持った中国風の服装をしています。閻魔は地蔵菩薩の化身ともされ、死者の滅罪《めつざい》、延命、除災などを祈願されてきました。閻魔堂には、三途《さんず》の川の岸にいる奪衣婆《だつえば》の像も一緒に安置されていることがよくあります。

見方のPoint

閻魔像は、人間の生前の行いを厳しく裁いている姿です。そのため、一般に恐ろしい表情をしています。閻魔堂は臨場感を出すためでしょう、薄暗いことが多く、壁のスイッチを押すと、閻魔像だけ照明があたるように工夫されているものもあります。

この仏像を安置する代表的な寺

東京・勝専寺

京都・引接寺《いんじょうじ》

一口知識

閻魔帳とは

学校などでよく使われます

閻魔は地獄の裁判官。閻魔帳は閻魔が死者の生前の行為や罪悪を書きつけておくノートのことをいいます。ここから、教師が生徒の成績や日頃の行いを記入しておく手帳のことをいうようになりました。

仏像見聞録

国宝

名　称：**閻魔大王像**

寺院名：円応寺《えんのうじ》

所在地：神奈川県鎌倉市山ノ内1543

本尊の閻魔王は、笑っているような表情にも見えることから「笑い閻魔」と呼ばれています。子どもを守る「子育て閻魔」としても親しまれています。

天上と地獄の分かれ道

ゆったりとした衣装
いかめしい顔
笏《しゃく》
威儀を正すため、右手に笏を持っています
天上に行けるか、地獄に行くかは、冥土の裁判官が決めるんだ。閻魔さまはお地蔵様とも縁が深いんだって。

十二神将像

薬師如来の護衛で十二支と結びつく

薬師如来によって仏教に帰依《きえ》した十二体の武の神です。それぞれが大勢の部下を従えており、薬師如来を守護し、薬師如来を信仰する者の苦しみを取り除き、願いをかなえるといいます。

十二神は、薬師如来の十二の大願に応じて現れたとされています。のちに十二支と結びついて、宮毘羅《くびら》大将は子《ね》（または亥《ね》）、伐折羅《ばさら》大将は丑《うし》（戌《いぬ》）、迷企羅《めきら》大将は寅《とら》（酉《とり》）など、それぞれ時や方角の守護を受け持つようになりました。

十二神像の像は鎧《よろい》を着て武器を手に持ち、躍動感あふれる姿勢をしています。頭上に十二支の動物を載せている像もあります。

見方のPoint

十二神将は、それぞれの像の「見えを切る」ような躍動感あふれる姿勢が見所です。新薬師寺の十二神将立像など、みごとな造形の神将像は、彫像であっても生きているかのように躍動感にあふれています。元々は夜叉（悪魔）が改心して、仏を守る神になったので、何となく人間味があるかも。ちょっと自分に写してみてもおもしろのでは。

この仏像を安置する代表的な寺

奈良・法隆寺
奈良・室生寺

一口知識

十二支を象徴 昼夜十二の時を守る

十二神将は、経典では十二支と関係はないのですが、平安時代以降、頭上に十二支の動物を載せた像がつくられるようになりました。なかには、獣頭人身の十二神将図や、十二支の動物を台座にした神将図もあります。

仏像見聞録

重文

名　称：十二神将立像
寺院名：新薬師寺《しんやくしじ》
所在地：奈良県奈良市高畑町１３５２

本尊の薬師如来像を守護するように円陣を組んで取り囲んでいます。日本最古、最大の十二神将像です。伐折羅大将は特に有名で、長年、５００円切手の意匠として親しまれていました。

迷企羅《めきら》
伐折羅《ばさら》
宮毘羅《くびら》
珊底羅《さんちら》
頞儞羅《あにら》
安底羅《あんちら》
摩虎羅《まこら》
波夷羅《はいら》
因達羅《いんだら》
毘羯羅《びから》
招杜羅《しょうとら》
真達羅《しんだら》

43

じゅうにてん

十二天像

仏教世界の八方、天地、日月を守護する神々

十二天は、仏教の世界で、天部《てんぶ》の神々を代表して、四方（東西南北）、四維《しい》（北西、南西、北東、南東）、天地（上下）、日月を守っている十二尊の総称です。インドの神話やバラモン教の神々が仏教に取り込まれて、仏法を守護する善神になったものです。

東に帝釈天《たいしゃくてん》、東南に火天《かてん》、南に焔摩天《えんまてん》、西南に羅刹天《らせつてん》、西に水天、西北に風天、北に多聞天、東北に伊舎那天《いしゃなてん》、天に梵天《ぼんてん》、地に地天《じてん》、および日天《にってん》、月天《がってん》が配置されています。十二天の彫像は珍しく、画像が大半ですが、京都の東寺《とうじ》には、平安時代、法会《ほうえ》の際に僧侶が被って練り歩いた十二天の面が伝わっています。

見方のPoint

十二天は仏画として残っている物が多く、掛け軸や屏風の絵として残っているものを拝観することになります。それぞれ個性的な十二もの天部像を見比べていくのは、見ごたえがあります。

この仏像を安置する代表的な寺

奈良・新薬師寺
奈良・興福寺

一口知識

密教の儀式で使う修法の道場を守る

十二天は、四方四維や天地を守るといっても、一般に用いられることはなく、屏風などに描いて、主に密教の儀式や修法を行う道場を守護するために使われました。そのため、昔から、普通の人が十二天像を目にする機会は、ほとんどなかったと思われます。

仏像見聞録

国宝

名　称：**十二天画像**
館　名：京都国立博物館
所在地：京都府京都市東山区茶屋町527

京都・東寺旧蔵の十二天画像です。宮中の真言院で正月に天皇の健康と国の安泰を祈って行う後七日御修法《ごしちにちみしゅほう》で使用しました。

帝釈天
たいしゃくてん

羅刹天
ら せつてん

焔摩天
えん ま てん

火天
か てん

伊舎那天
い しゃ な てん

多聞天
た もん てん

風天
ふうてん

水天
すいてん

このほか日天、
月天がいるよ

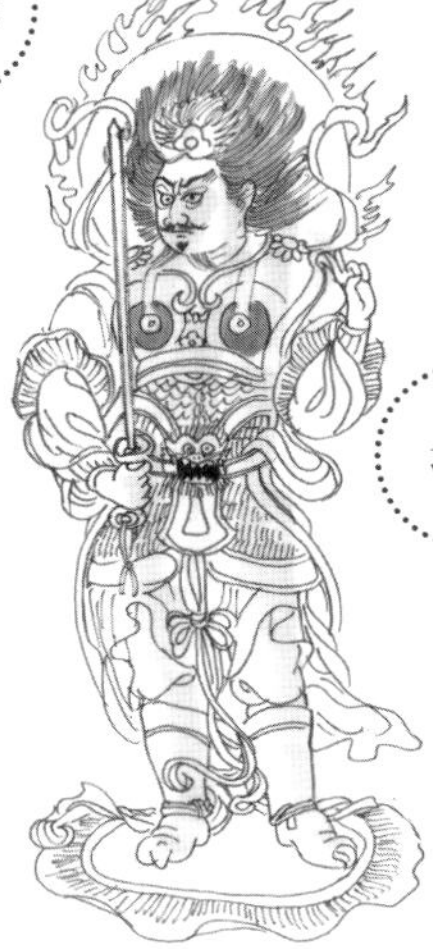

地天
ち てん

梵天
ぼんてん

44 八部衆像

はちぶしゅう

仏教に帰依した竜や鬼神など異形の神

古代インドの神話に登場する鬼神が、釈迦の説法で教化《きょうけ》されて仏法の守護神になったものです。天竜八部衆《てんりゅうはちぶしゅう》とも呼びます。天部の神々の神格の総体である「天」、蛇を神格化した「竜」、悪鬼の「夜叉《やしゃ》」、香を食べ音楽を奏する「乾闥婆《けんだつば》」、天の神々と戦う「阿修羅《あしゅら》」、竜を食い、口から火を吐く鳥「迦楼羅《かるら》」、半人半獣の「緊那羅《きんなら》」、人の姿で蛇の首を持つ「摩睺羅伽《まごらが》」の八神から成っています。

八部衆にはいくつかの説があったようで、阿修羅像で有名な興福寺《こうふくじ》の八部衆像は、天、竜、夜叉、摩睺羅伽が、五部浄《ごぶじょう》、沙羯羅《さから》、鳩槃茶《くばんだ》、畢婆迦羅《ひばから》になっています。

見方のPoint

奈良・興福寺の阿修羅像の三つの顔は、見る人によって、苦悩、憂い、悲しみ、怒り、強い意志、希望、若々しさなど、さまざまな心の内を想像させるところが魅力です。自分の心のなかを映す鏡のようです。

奈良国立博物館の阿修羅立像は、興福寺所蔵のものを奈良時代（天平期）の技法によって復元したもので、鮮やかな朱色の体色などが再現されています。

一口知識

乾漆造の仏像は古代の名作が多い

興福寺の八部衆立像は、麻布と漆で塗り固めた乾漆造です。乾漆造は、古代によく用いられた仏像の制作手法で、繊細な造形表現が可能なため、名作ぞろいです。阿修羅像をはじめとした八部衆像が生き生きとした表情や体形をしているのは、乾漆造が一つの要因です。しかし、乾漆造は手間がかかりすぎるためか、平安時代以降、つくられなくなりました。

仏像見聞録

国宝

名　称：「興福寺」乾漆八部衆立像

寺院名：興福寺《こうふくじ》

所在地：奈良県奈良市登大路町48

「乾漆八部衆立像」は、寺内の「国宝館」に安置されています。阿修羅像が有名ですが、どの像も個性的な表情をしています。興福寺の国宝館は、八部衆以外にも仏像の名品がたくさんあり、必見です。

出ました！　仏像界のアイドル
興福寺の阿修羅像

鬼神だが仏法を守護
夜叉《やしゃ》
天界の神々の代表
天《てん》
雲をおこし、
雨を降らせる
龍《りゅう》
蛇の首を持つ神
摩睺羅伽《まごらか》
頭に角がある音楽神
緊那羅《きんなら》
香りを食べて生きる
乾闥婆《けんだつば》